Success15 fifteen
サクセス15
December 2017
12
http://success.waseda-ac.net/

CONTENTS

表紙：千葉県立東葛飾高等学校

小1〜中3

冬期講習会、受付中

12/26(火)〜29(金)・1/4(木)〜7(日)

※地域・学年により日程が異なる場合がございます。

冬期講習会が、君を変える。

学力の伸びが確認できる！冬期講習会は飛躍のチャンス！

POINT 1

新学年に備える！
重要単元を徹底学習。

- 既習単元を集中的に学習し、理解を深める
- 問題演習を通じて、実戦力を養成する

POINT 2

確かな実力が付く！
実績に裏付けられた教務システム

- 短期間で力が付く、効果的な学習カリキュラム
- 発問を中心とした、学力別少人数制授業

POINT 3

本気になれる！
充実した学習環境

- 熱意あふれる講師の授業で、学ぶことが楽しくなる
- ライバルからの刺激によって、学習意欲が高まる

小1〜中3　冬の新入塾生応援キャンペーン

1/31までに入塾手続きをされた方全員に　**入塾金10,800円減額！**

学年別冬期キャンペーンの詳細はホームページをご覧ください。

中3対象　　難関都県立高校を目指す中3対象　無料

都県立難関対策コース後期選抜試験　無料

※時間・会場等の詳細はホームページをご覧ください。

11/18(土) 千葉　**11/25(土)** 東京・埼玉・神奈川①　**11/26(日)** 神奈川②

試験内容は各都県立高校入試に即したものとなっているので、都県立高校合格を目指している方はライバルとの腕試しの機会にもなります。説明会では、対策コースの説明、難関都県立高校の入試動向、都県立トップ校に合格するための秘訣についてもご説明いたします。ぜひ、ご参加ください。

保護者様対象　**都県立難関対策コース説明会**　無料

※詳細はホームページをご覧ください。

中3対象　　得点力アップ！入試頻出単元をピンポイントで学習

日曜特訓講座

日曜日を使って効率的に学力アップを実現する

2学期の日曜特訓は入試即応の実戦的な内容になっています。また、近年の入試傾向を徹底的に分析した結果、最も出題されやすい単元をズラリとそろえています。

[科目] 英語・数学
[時間] 13：30〜18：45
[日程] 11/19、11/26、12/17
[料金] 1講座 7,000円

[会場] 茗荷谷校・大森校・三軒茶屋校・葛西校・吉祥寺校・綱島校・新百合ヶ丘校・南浦和校・川越校・松戸校・津田沼

※都立Vもぎ（東京都）・千葉県立Vもぎ（千葉県）実施日は時間の変更をします。最寄りの校舎にお問い合わせください。

▶日曜特訓の特長

- 入試頻出単元を基礎から応用まで完全にマスターします
- 1つのテーマを5時間の集中授業で完璧にします
- ライバルに一歩差をつけるテクニックを身につけます
- 模擬試験や過去問演習での得点力をアップします
- 志望校合格に向けて確かな自信をつけていきます

中3対象

必勝コース

必勝5科コース
筑駒クラス・開成クラス・国立クラス

必勝3科コース
選抜クラス・早慶クラス・難関クラス

早稲田アカデミーの必勝コースはここが違う！

講師のレベルが違う！

難関校入試のエキスパート講師陣
必勝コースを担当する講師は、早稲田アカデミーの最上位クラスを長年指導している講師の中から、さらに選ばれた講師陣が授業を担当します。

テキストのレベルが違う！

難関校の入試に対応した教材
過去十数年の入試問題を徹底分析し、難関校入試突破のためのオリジナルテキストを使用。今年の入試問題を詳しく分析し、必要な部分にはメンテナンスをかけて、いっそう充実したテキストになっています。

生徒のレベルが違う！

やる気を引き出すハイレベルな環境
必勝コースの生徒は難関校を狙うハイレベルな層。同じ目標を持った仲間と切磋琢磨することで成績は飛躍的に伸びます。

中3 第3回 開成実戦オープン模試

11/25（土）

時間▶8:30～13:50
会場▶ExiV渋谷校・ExiV西日暮里校・立川校・武蔵小杉校・北浦和校・船橋校
料金▶5,300円（税込）

中3 早慶ファイナル模試

11/25（土）

時間▶9:00～12:45
会場▶早稲田アカデミー13校舎
料金▶4,500円（税込）

早稲田アカデミー

東大百景

トーダイってドーダイ!?

Vol.21

text by ケン坊

生活サイクルを決めてみよう!!

すっかり秋も深まりましたね。余談ですが、秋といえば東大には本郷・駒場キャンパスともに「銀《い》杏《ちょう》並木」と呼ばれる通りがあり、毎年紅葉の時期には、ずらりと並んだ銀杏葉が黄色く色づきとてもきれいなのですが、そのうち銀杏の実が大量に落下してきて学生が歩くたびに踏んでしまうので、信じられないぐらい周囲が臭くなるんです（笑）。

さて、余談はここまでにして、本題に入りましょう。今回は「生活サイクル」に関するお話です。おなじみの流れですがみなさんに質問です。みなさんの勉強する時間は、毎日同じ時間帯（例えば夜の7時～9時）ですか？　それとも日によってバラバラですか？　私がおすすめするのは、前者のタイプです。その理由は、これから自分の経験談をもとに説明します。高校時代の話ですが、中学生のみなさんにとっても大いに参考になると思います。

私は当時、水泳部員でした。高校入学後は中3の受験期に運動をしていなかったため体力が落ちていて、放課後の部活動が終わったあとは本当にヘロヘロで、家に帰っても疲れて勉強がまったくできず…という日々が半年以上続きました。

このままじゃだめだと思った私は、毎朝早起きして早めに学校に行き、授業が始まるまでの時間で勉強するという生活を始めました。具体的には、5時に起床、6時半に学校到着、1時間目開始までの約2時間で勉強します。最初は早起きがつらかったですが、慣れると当たり前になって苦ではなくなりましたし、早起き＆朝勉強を毎日こなしていると、成績も驚くほどあがってきました。そのおかげで東大に合格する力をつけることができたのだと思います。

なにもみなさんに「毎朝5時に起きて勉強しろ！」と言っているわけではありません。大事なのは「自分なりの生活サイクルを作り、毎日地道にそれに従って生活すること」です。私は、夜家に帰ってからは勉強せず、リラックスタイムにあてていましたが、「朝は必ず勉強する」ことは守っていたのでうまくいったと考えています。

これを読んだみなさん、ぜひいますぐ自分の生活サイクルを振り返ってみてください。そして何時から何時を勉強時間にあてるかをしっかり決め、毎日愚直に時間を守ってみてください。今日からの積み重ねで未来は大きく変わりますよ！

東大トリビア

東大の変わった施設（キャンパス外編）

9月号のトリビアでは、「東大（本郷キャンパス内）の変わった施設」についてお話ししました。今回はキャンパス外にある東大所有の施設を紹介します。東大は全国に色々な施設を持っており、計50カ所以上もの研究施設や演習林（森林や樹木の研究で使う林）があるそうです。

私が行ったことのある千葉県の「検見川セミナーハウス」は、簡単に言うと「とても広い運動場があり合宿もできる場所」です。毎年新年度になると新歓合宿で多くの部やサークルが利用します。普段は一般開放しているようで、スポーツ少年団がサッカーなどをしているのを見かけます。

また、静岡県の「戸《へ》田《だ》寮」は伊豆半島西海岸にあり、目の前に海が広がっています。おもに体育会系の運動部が合宿所として利用していて、私も寮の大掃除の手伝いで行ったことがありますが、本当に海が近く、毎日海に入って遊びました（笑）。

全国津《つ》々《つ》浦《うら》々《うら》に施設を持っているのも東大のすごいところです。みなさんも旅行先などで東大所有の施設を見つけるかもしれませんね。

中学校とはひと味違う

知的好奇心をくすぐる高校の実験授業

みなさん理科の実験は好きですか。実験は中学校の理科の授業でももちろん行われますが、高校ではさらに専門的な実験に取り組むことが多くなります。今回ご紹介する４校もそれぞれに特色ある実験授業を行っており、その授業を取材しました。理科が好きな人だけではなく、苦手な人にも興味を持ってもらえるように、どの学校もさまざまな工夫をしていることがわかると思います。ぜひ、ひと目のぞいていってみてください。

大学受験にとらわれず
高3でも多くの実験授業を実施

青山《あおやま》学院《がくいん》高等部

東京　私立　共学校

所在地：東京都渋谷区渋谷4-4-25
アクセス：地下鉄銀座線・半蔵門線・千代田線「表参道駅」徒歩10分、
JR山手線ほか「渋谷駅」徒歩12分
ＴＥＬ：03-3409-3880
ＵＲＬ：http://www.agh.aoyama.ed.jp/

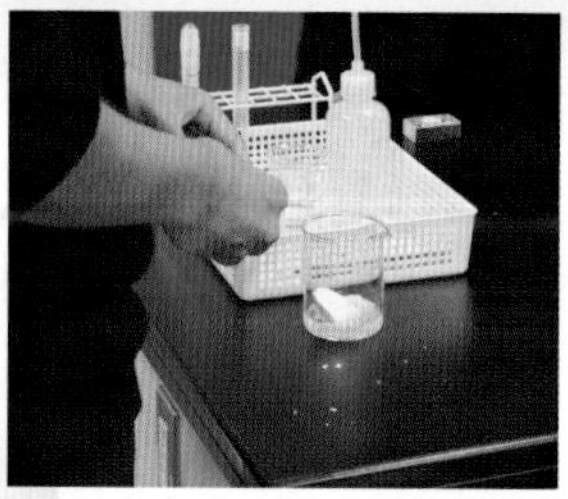

化学の実験では１時間の間に３つの実験が行われていました。さすがにこれまで実験を何度も繰り返してきているだけあって、どんどん進んでいきます

この日は、以前の実習で採取してきた石から植物などの化石を取り出してクリーニングし、その化石がなにかを探すところまでを２時間のなかで行っていました

青山学院の理科教育

実験・観察にできるだけ多くの時間を割く

青山学院大学の併設校として、「自由な校風を大切にして、自主性と責任感を養い、個性に応じた自己実現」を図る教育を実践している青山学院高等部（以下、青山学院）。大学受験にとらわれず、３年間を有効に使って幅広く教養を身につけるとともに、自分の興味・関心に基づいてさまざまなことを学ぶことができます。

そんな青山学院の理科教育は「一番大切なことは自然から学ぶこと」として、「そのため実験や観察を重視し、できる限り多くの時間を割くようにして」いるのが特徴です。選択授業ではありますが、高３次にも実験や実習が多く用意されています。

青山学院の実験授業

高３でも実験が多数

「本校の理科教育や実験授業で大切にしているのは、いま自分たちがやっている実験が、日常生活とどう結びついているのかをわかるようにする、ということです」と話される武田肇先生（地学担当）。

「『いったい、なんの実験をしているのだろう』と生徒が思いながら授業を受けることにならないように、『日常生活のこんなところにこの実験の成果が活かされているんだよ』ということを、色々な例を交えながら、できるだけわかりやすく授業を進めて」いるそうです。

高１では生物、高２では物理の「基礎」が必修で、化学と地学の「基礎」は高２で選択必修となっています。そこで実験で必要となる知識や心がまえを学ぶことができます。それぞれの「基礎」の時間に行われる実験の項目数は生物で30超、化学、物理は60を超えます。さらに、各分野とも3年での選択授業で履修可能です。

取材当日は、高3の地学と化学の実験が行われていました。青山学院では、「基本的に大学受験を意識しないで授業を組み立てられるので、それぞれの分野の教員が、専門性を大いに活かした形で授業を進められる」（武田先生）ため、3年間を通して、文系・理系を問わず、多彩な実験授業に触れることができます。

密度の濃い70分授業でじっくりと実験に取り組める

神奈川県立厚木《あつぎ》高等学校

神奈川　公立　共学校

所在地：神奈川県厚木市戸室2-24-1
アクセス：小田急小田原線「本厚木駅」徒歩20分またはバス
ＴＥＬ：046-221-4078
ＵＲＬ：http://www.atsugi-h.pen-kanagawa.ed.jp/

たくさんの貴重なはく製や標本に囲まれた生物実験室

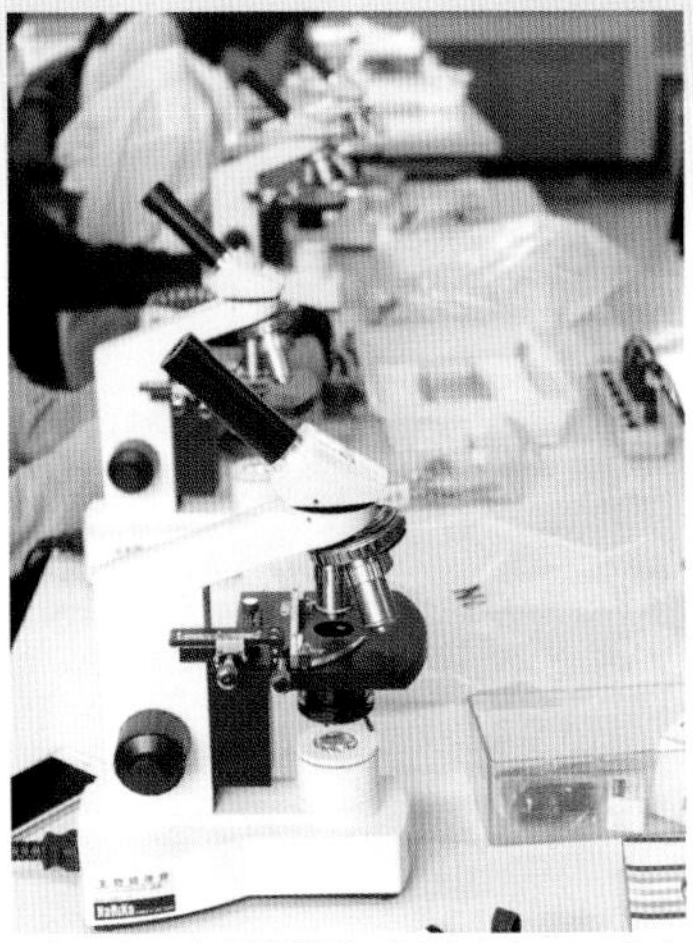

1人1台の光学顕微鏡が用意されています

探究活動を行う学校独自科目「ヴェリタス」でのグループ実験

厚木の理科教育

SSHの学校独自科目「ヴェリタス」が特徴

神奈川県の学力向上進学重点校エントリー校、文部科学省のスーパーサイエンスハイスクール指定校（※注）としてさまざまな教育活動に取り組んでいる厚木高等学校。生物実験室などには、トキやアマミノクロウサギをはじめ多くのはく製や古い薬ビン、顕微鏡、天びんといった、創立114年の伝統を感じる貴重な品々が残されており、かねてより理科教育には力が入れられていた様子がうかがえます。一方、1人1台の光学顕微鏡など、最新の設備も充実。SSHとして課題研究を行う学校設定科目「ヴェリタス」は必修科目で、テーマに沿った実験に取り組むことで科学的リテラシーを育みます。2年次の研究を3年次に継続して取り組む生徒もいます。

トキのはく製

厚木の実験授業

70分の授業時間を活用し伸びのびと実験に取り組む

理科の各教科では実験が多く取り入れられ、1コマ70分の授業時間がそれをさらにあと押し。伸びのびと実験に取り組むことができます。取材した高2の生物の授業では、ホウセンカの花粉管観察の実験が行われ、1人1台の光学顕微鏡を扱いじっくりと観察する様子が見られました。

ホウセンカの花粉を温め、花粉管の伸びる速度を測る実験

学校設定科目「ヴェリタス」は、高1は個人で、高2はグループで探究活動を行います。取材した高2の物理選択クラスの「ヴェリタス」の授業では、生徒が設定したテーマに沿った実験が進められていました。

太陽電池の一種、色素増感太陽電池がテーマのグループ。酸化チタンに吸着させるphの異なる液体を準備していました

※SSH指定は2017年度（平成29年度）まで、現在指定継続を申請中。

授業はできる限り実験室で行う
学校の特性を活かす独自の実験も

国際《こくさい》基督《きりすと》教大《きょうだい》学《がく》（ICU）高等学校

東京　私立　共学校

所在地：東京都小金井市東町1-1-1
アクセス：JR中央線「武蔵境駅」「三鷹駅」・京王線「調布駅」バス
ＴＥＬ：0422-33-3401
ＵＲＬ：http://www.icu-h.ed.jp/

化学反応によって、雷に似た現象を作り出す実験（自由研究講座）

タコ糸と肩たたきマッサージ器を使い共振現象を起こします

少人数のため、教員が行う実験も間近で見ることができます

ICU高校の理科教育

約20人の少人数で実施 めざすのは1授業1実験

国際基督教大学（ＩＣＵ）高等学校は、帰国生の受け入れを主たる目的として設立された高校単体の学校です。世界各国からの帰国生と国内出身の一般生がともに学んでいます。

授業は多くの教科が少人数で展開されます。理科の授業も約20人で実施され、可能な限り実験室が使われます。1授業1実験をめざし、生徒が行う実験に加え、教員が実験を見せる演示実験も多数あります。

授業以外にも、各科目の教員が独自に設定する自由研究講座や理科教員による放課後サイエンスなどでもさまざまな実験に取り組めます。

ICU高校の実験授業

各教員の工夫が光る 生徒の印象に残る実験

「物理の実験では身近なものを使います。特別なものを使わなくても実験できることをしめし、理科は実験室のなかではなく日常に、目の前にあるものなのだと伝えています」と物理の黒澤洋先生が話されるように、信田実先生による共振現象の実験でも、タコ糸と肩たたきマッサージ器が使われます。「実験キットを使って結果が出るのは当たり前なので、少し工夫して生徒たちの印象に残るようにしています」と信田先生。

化学では海外の実験書を使うこともあります。「帰国生が多い本校の特性を活かした取り組みです。さらに、この実験レポートの概要は英語で書かせます」と化学の安川智先生。

緑豊かなキャンパスを活用した実験をするのは生物です。「春になるとヨモギを摘んできてヨモギ団子を作ったり、野草を天ぷらにしたりします。ほかにも鶏の手羽を使って骨格標本を作るなど、実物を見せたり触れさせたりすることを大切にしています」と生物の田村真弓先生。

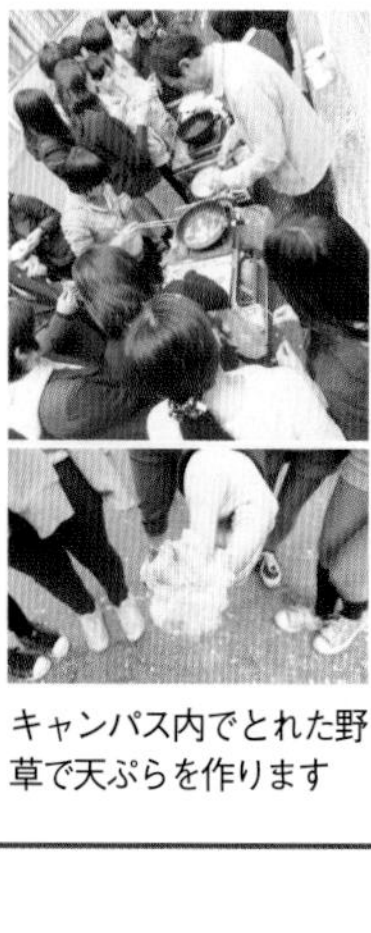

キャンパス内でとれた野草で天ぷらを作ります

こうした生徒の興味を引き記憶に残るよう工夫された実験とともに、取材で印象に残ったのは、活発に質問する生徒たちの姿でした。

写真提供：国際基督教大学（ＩＣＵ）高等学校

理数イノベーション校ならではの特徴的なプログラムも魅力

東京都立八王子《はちおうじ》東《ひがし》高等学校

東京　公立　共学校

所在地：東京都八王子市高倉町68-1
アクセス：JR八高線「北八王子駅」徒歩11分、
JR中央線「八王子駅」「豊田駅」・京王線「京王八王子駅」バス
ＴＥＬ：042-644-6996
ＵＲＬ：http://www.hachiojihigashi-h.metro.tokyo.jp/hachihigaHP/

充実した通常の実験授業に加え、探究活動などで、さまざまな研究や実験・観察に参加することもできます

八王子東の理科教育

最先端の研究に触れることができる

東京都立八王子東高等学校（以下、八王子東）は、東京都の進学指導重点校です。さらに2015年度（平成27年度）から、都の「理数イノベーション校（※注）」に指定されており、理数教育においても注目が集まっています。

元来、進学指導重点校として、生徒の大学進学を前提に、生徒の文系・理系の志望にかかわらず、化学を中心に物理、生物の3分野の基礎をしっかりと固め、さらに実験の授業数も多く確保されていました。それが理数イノベーション校への指定によって、さまざまなトップレベルの人材を招いての講演会、特別授業、先端技術を扱う研究所訪問なども行うようになっています。

八王子東の実験授業

豊富な実験授業のほかに独自のプログラムも

八王子東の実験授業は、文系は1、2年次に、理系は3年間を通して学ぶ化学を中心に、物理、生物も実験の授業数は豊富です。

理数イノベーション校への指定に伴い、探究活動も重視しています。探究活動を取り入れた、授業や実験・観察以外にも、希望者は、放課後などの時間を使って興味のあるテーマについての研究を重ねています。例えば、「化学発光」や「植物の遺伝子」についての研究を行い、最終的にその成果を学会で発表したり、科学の祭典での英語による発表を行う生徒もいます。

「理数イノベーション校指定を受けたこの3年間で、実験器具などの設備が整備されたことに加え、最先端の学者や研究者らとの交流など、多くの財産が本校には蓄積されています」と理科教諭の森下忠志先生は熱く話されます。八王子東では、来年度以降も、その財産も活用した、知的好奇心を喚起するような授業を受けることができそうです。

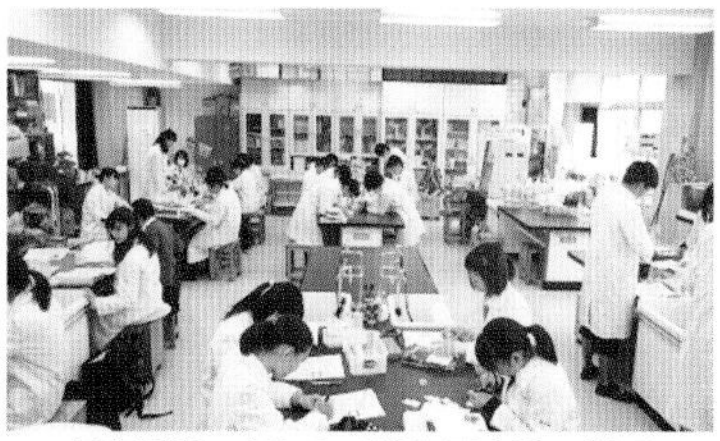

探究活動で行われる遺伝子実験の様子

写真提供：東京都立八王子東高等学校

※東京都教育委員会が「大学や研究機関と連携して最先端の実験・講義を通して、理数に秀でた生徒の能力を一層伸長するとともに、科学技術系人材育成の拠点として東京都の理数教育をけん引する学校」として指定。八王子東以外に都立国分寺、都立南多摩中等教育が指定されている。

熊本地震救援
栄東祭でつくった熊本城から
みんなの声援を発信!!
アメリカAL
人種・言語を越えた人とのつながり
ミルトンハイスクールに体験入学
ALの集大成
キャリアAL
進路ガイダンス
身近な先輩からのメッセージ
飾らない言葉がもつ説得力
AL土曜講座
スキなことを探究する力
論理的なプレゼン能力
キャンパス
可能性を広げる
豊かな教育環境
教科AL
みんなで
つくる授業
わきあがる
好奇心
クラブAL
打ち込めるもの
輝ける場所が必ずある
栄東祭
サカエヒガシ魂を結集
ALの祭典!!
カリキュラム・クラス
目標到達に向けたカリキュラム
個々の志望に応じた柔軟なクラス編成
校外AL
教室の学習を深化
実地体験をプレゼン＆
ディスカッション!!
知る・探る・究める
栄東のアクティブ・ラーニング!!
イラスト 美術部
インターナショナルプログラム
世界を舞台に活躍する人材を育成
海外のエリート大学へも進学!!
栄東高等学校
〒337-0054 埼玉県さいたま市見沼区砂町2-77（JR東大宮駅西口 徒歩８分）
◆アドミッションセンター TEL：048-666-9288　FAX：048-652-5811

視覚の不思議

「色」の世界をのぞいてみよう

今回は私たちにとって身近な「色」に関する特集です。
色彩を総合的に扱う研究機関・日本色彩研究所で、
色と心理に関する研究を行う名取和幸さんに、
色が持つさまざまな特徴や効果について伺ってきました。

（資料提供：日本色彩研究所）

一般財団法人 日本色彩研究所
理事　研究第１部　シニアリサーチャー
名取和幸さん

空気や水などの透明なものを除き、周囲のものにはすべて色がついています。色には大きく分けて２つの効果があり、１つは「視覚効果」です。色の「物事をわかりやすく伝える力」により、私たちはなにかを見分けたり、状態の変化を感じ取ったりしているのです。

「色が大きな効果を発揮しているものの代表が電車の路線図です。路線ごとに色を変えることで、路線の状況がひと目でわかる便利なものとして普及していますが、これが白黒だったらわかりにくいでしょう。また、色と食べものの関係も深く、例えばパンをトースターで焼いたとき、『あと30秒焼こう』と判断するのは焼きあがりの色ですよね。まだ食べていないのに、焼き色で食べものの状態がわかるということです。野菜や果物が熟しているかどうか、しゃぶしゃぶの肉が食べごろかどうかもそれらの色の変化を見て判断しているのではないでしょうか。」（名取さん）

もう１つは「感性効果」、いわゆる「心理に訴えかける力」です。「商品のパッケージをデザインするときは、どの色を使えば商品の魅力がより買い手に伝わるかを考えます。使う色によって商品そのものの魅力をアップさせることができるんです」と名取さん。

色に心理効果があるならば、勉強に集中できる色もあるのか伺うと、個人で感じ方が異なるため、一概には言えないそう。ただ、勉強部屋に鮮やかな色のものがあると、目がそれにひかれて気が散るため、薄い色（水色やベージュ）のものの方がおすすめだと言います。また、「『ジャポニカ学習帳（ショウワノート株式会社）』の罫《けい》線の色を同社と共同開発したとき、罫線の色ごとに目の疲労度を調べたところ、目の疲れには色以上に色の濃さが重要だということがわかりました。最終的に採用された薄い水色を、薄い緑色にしてもそこまで疲労度に差は出ないですが、これが濃い色だと結構差が出てきます」とのことですから、目が疲れやすい人はこのお話も参考にしてみてください。

ちなみに色を見るには「光、もの、人」の３つの要素が重要だと言います。そもそも光がなくては色が見えませんし、同じ色でも光の種類（太陽光、蛍光灯の光など）やものの形や素材、見る人の個体差（年齢など）によって、見え方が変わってくるからです。早速次のページから、色の奥深い世界をのぞいていきましょう。

色のプロフィール

赤・緑・黄・青・白・黒の６色は、生後３カ月の赤ちゃんでも見分けることができる基本の６色とされています。「例えば橙色を見たら赤色と黄色の両方を感じますし、黄緑色は名前の通り黄色と緑色が混ざった色です。しかしここで紹介する色は、例えば『赤色らしい赤色』というように、中心の色というものが存在するんです」と名取さん。ここではそんな６色の特徴を名取さんに解説していただきました。

赤

連想されるもの　**血、内臓、炎**など

「生命力や熱さを感じる色で、派手で躍動感があるイメージです。戦隊ヒーローのリーダーも、赤い服を着ていますね。人を引きつける力が強いので、よくセール品の価格や消火器など、めだたせたいものに使われていて、赤色自体が重要なシグナルをしめすこともあります。道に赤い点が落ちていたら血かもしれない、遠くに赤い炎のようなものが見えたら火事かもしれないと思いますよね。ただし、薄暗くなるとその力が弱まるという弱点も。夜道を歩くのには黄色や水色の服の方がめだって安全なんですよ。」

緑

連想されるもの　**植物、自然**など

「赤が生きものの色だとすると、緑は植物の色です。『緑豊かな場所』は『自然豊かな場所』とも言いかえられるくらい自然ともかかわりが深く、緑を見ると森林浴をしているかのようなリラックス効果がもたらされます。さわやかなイメージのある色ですが、カエルやヘビといった、苦手な人が多い動物の色でもあります。緑は植物の色だと好まれますが、動物の色としてはあまり好まれない、対象物によって印象が変化する色です。」

黄

連想されるもの　**光、花**など

「ぱっと目を引く明るい色で、連想されるのは光や花と日本ではポジティブな印象を持つ人が多い色です。しかし西洋ではネガティブな印象も持たれていて、ドイツ人のユッタ・バウアーさんが書いた『色の女王』（小学館）という絵本のなかで、黄色は『いじわるでたちの悪い』色と言われていますし、キリスト教の世界では裏切り者のユダの服は黄色で描かれています。一方、仏教の世界では、僧侶は黄色の袈裟《けさ》を着ていますから、敬われる色として扱われています。」

青

連想されるもの　**空、海**など

「世界中の人が最も好む色です。空や海など自然のイメージがありますが、自然界に青色のものはとても少なく、そもそも空の青は実際には触れないし、海もすくうと透明な水です。じつは青は実体感のない抽象的な色で、そのため幸福の象徴とされるのも『青い鳥』ですよね。幸福って実体感がないものですから。あとは赤の対比色として扱われる場合もあり、例えば戦隊ヒーローだと赤は熱血漢、青はクールなキャラクターが多いです。また同じ青でも、濃い色（紺色や藍色）だと少し寂しさを感じるようになります。」

白

連想されるもの　**雪、雲、清潔**など

「何色にも染まっていないピュアな色というのが世界共通の認識でしょう。結婚式で女性が白無垢《しろむく》を着るのは『これから相手の家に染まります』という意味があるとされています。日本では、神を表す神聖な色とされ、白い動物は神様の使いだと言われたりもしますね。」

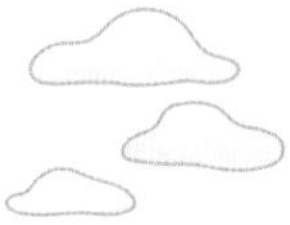

黒

連想されるもの　**闇、恐怖、死**など

「黒色は昔から光のない状態（闇、恐怖）を意味する色として扱われてきましたが、時代とともにイメージが変化してきた色でもあります。みなさんは黒色の服を普段何気なく着ていると思いますが、日本では1980年代までは黒色の服を着るのは冠婚葬祭のときだけで、それ以外の場で着ることはほとんどありませんでした。1980年代以降は、黒色のスタイリッシュさに注目が集まり、服や部屋のインテリアなど、暮らしのなかにも取り入れられるようになりましたが、高齢の方の多くは、いまでも黒色を格式ばった特別な色だととらえています。先ほど黄色は国によってイメージが異なることを紹介しましたが、黒色は日本では世代によってイメージが異なるんです。」

色の効果・具体例

冒頭で述べた効果のほかにも、色にはさまざまな不思議な力があり、その力は日常生活の色々な場面で活用されています。ここでは一例として、果物や野菜をおいしく見せるためにそれらを入れるネットの色を工夫しているケース、色によってものの大きさや重さ、温度が違って見えるケースを紹介します。画像を見ながら、その不思議な効果を体感してみてください。

CASE 1 おいしく見えるネットの色!?

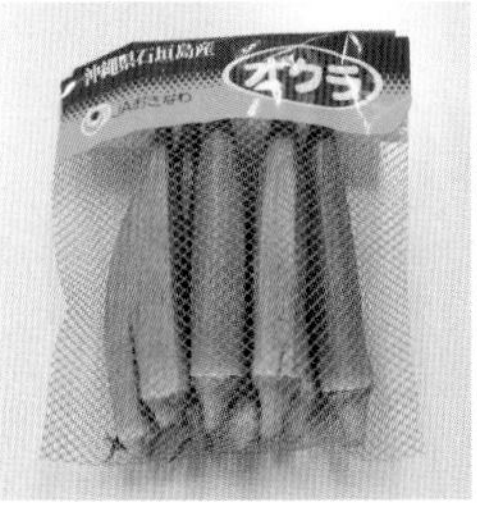

ミカンはすべて同じ色、ネットの色が違うだけですが、一番おいしそうなのは右から２列目ではないでしょうか。「赤色のネットに入れることで、ミカンがより熟しておいしそうに見えます。こうした効果を色の同化作用と言い、オクラが青緑色のネットで売られているのもこのためです」と名取さん。ネットの色にも意味があったんですね。

CASE 2 実物より膨らんで見える!?

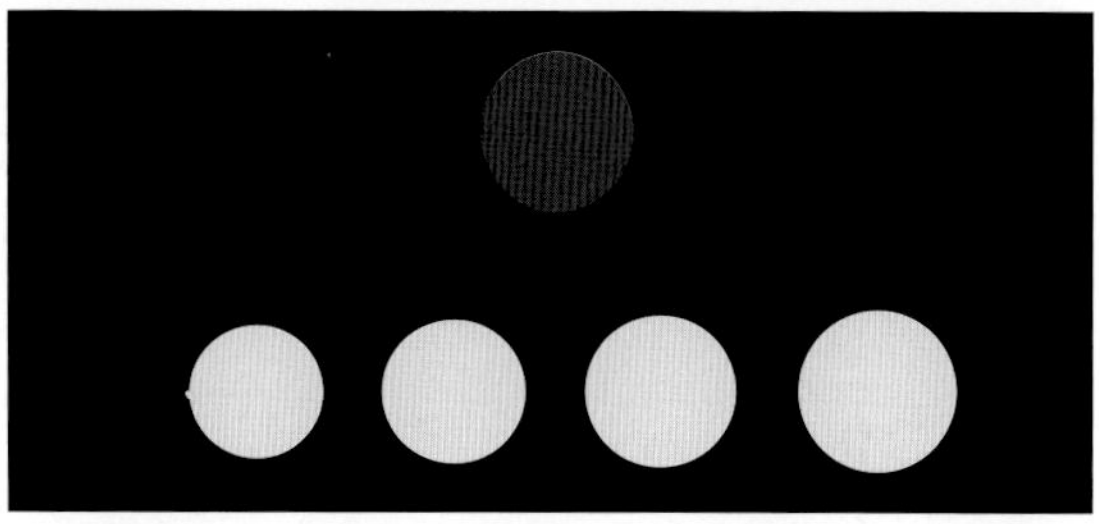

白系は膨らむ色（膨張色）、黒系は縮む色（収縮色）で、同じ大きさのものでも前者は大きく、後者は小さく見えます。そのため囲碁の碁石は白と黒の２色が同じ大きさに見えるよう、直径２mmほど白の方が小さくなっています。画像も紺色の円と同じ大きさのクリーム色の円は右から２番目のものに見えませんか（実際は右端のものが同じ大きさです）。

CASE 3 色で重さが変わる!?

球の色の違いによって、黒はピンがたくさん倒れそう、白はあまり倒れなさそうな気がしますね。黒は重さ、白は軽さを感じる色だからです。みなさんも同じ大きさの白と黒の箱があれば、白の方が運びやすそうだと感じるはず。ただ、白は軽く見えるぶん、持ったときにギャップを感じることもあるそう。

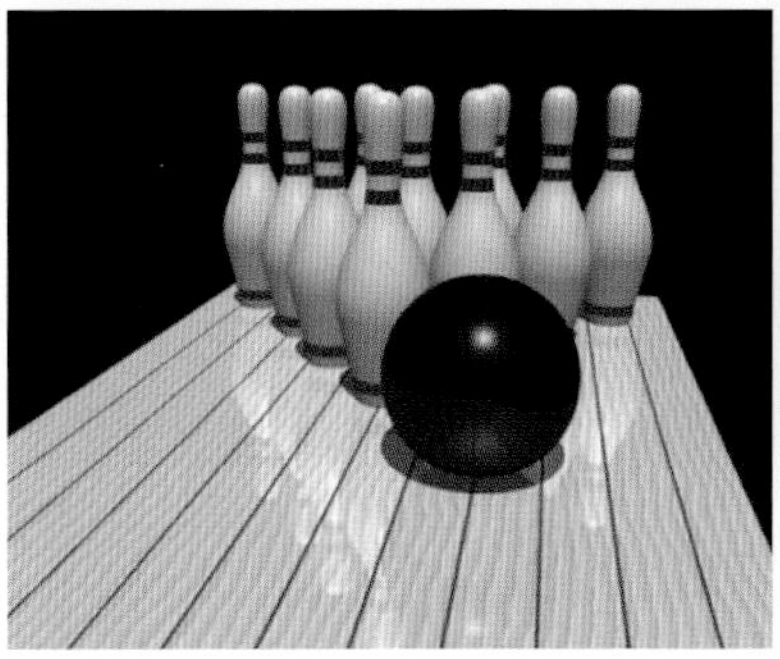

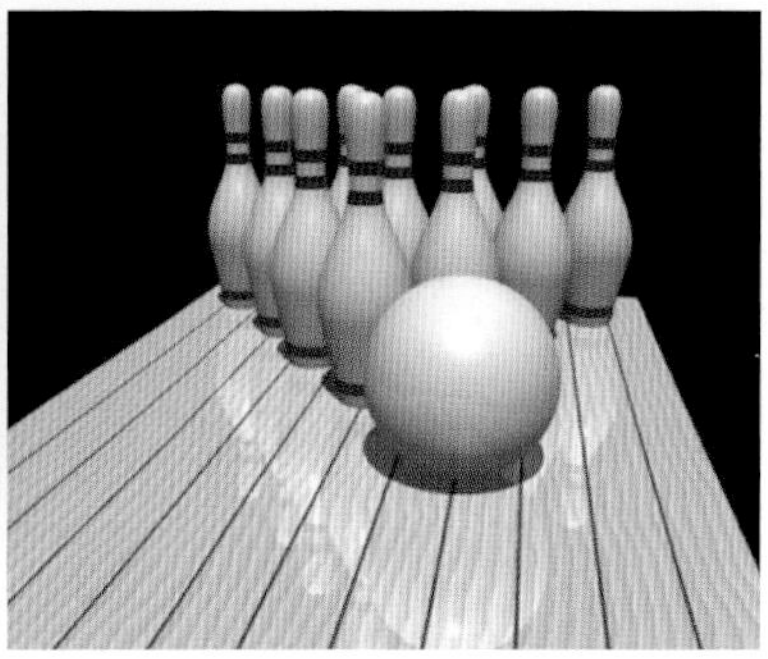

CASE 4 感じる温度が色で違う!?

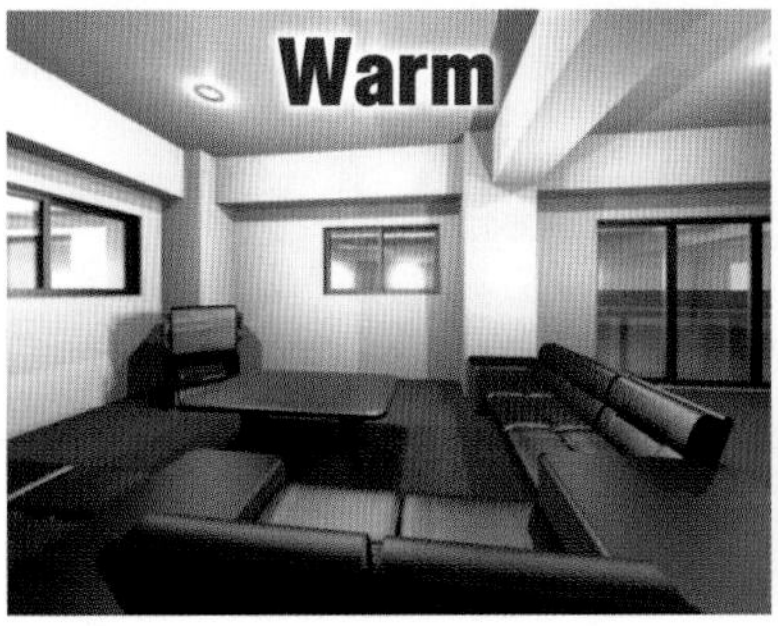

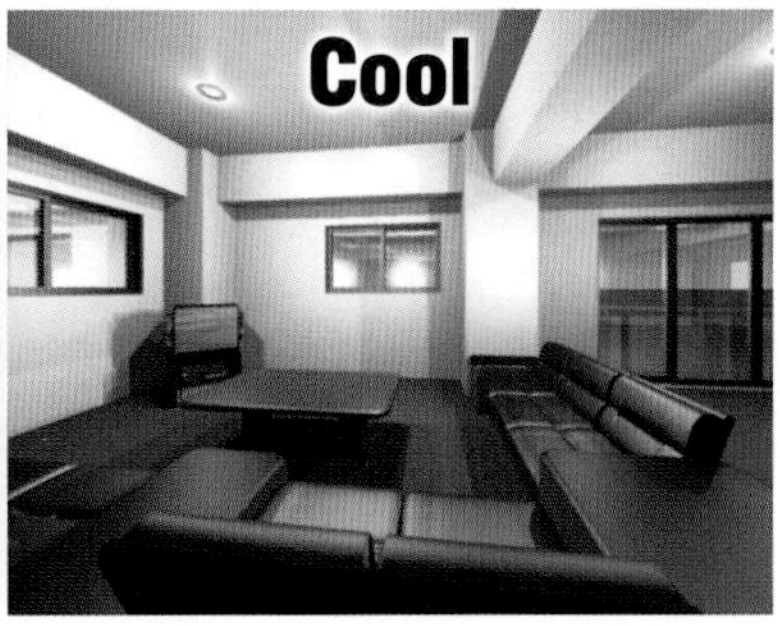

赤系の色（暖色）は暖かく、青系の色（寒色）は冷たく感じます。「手で触っていないのに温度を感じるなんて不思議ですよね。赤は炎を連想するから暖かみがあると言われていますが、なぜ人が色から温度を感じ取れるのか、その仕組みは完全には解明されていません」（名取さん）

色の好みについて

先ほど、青は世界中で好まれる色だと紹介しましたが、日本ではほかに緑や白も人気です。一方、嫌われる色ワースト１は、いつの調査でもオリーブ色。洋服の色などでは人気が高い色ですが、色単体で見ると汚物などが連想されてしまうためだそうです。日本色彩研究所では、このような色の好みに関する調査・研究も行っています。その成果を一部ご紹介します。

色の好みと性格の関係

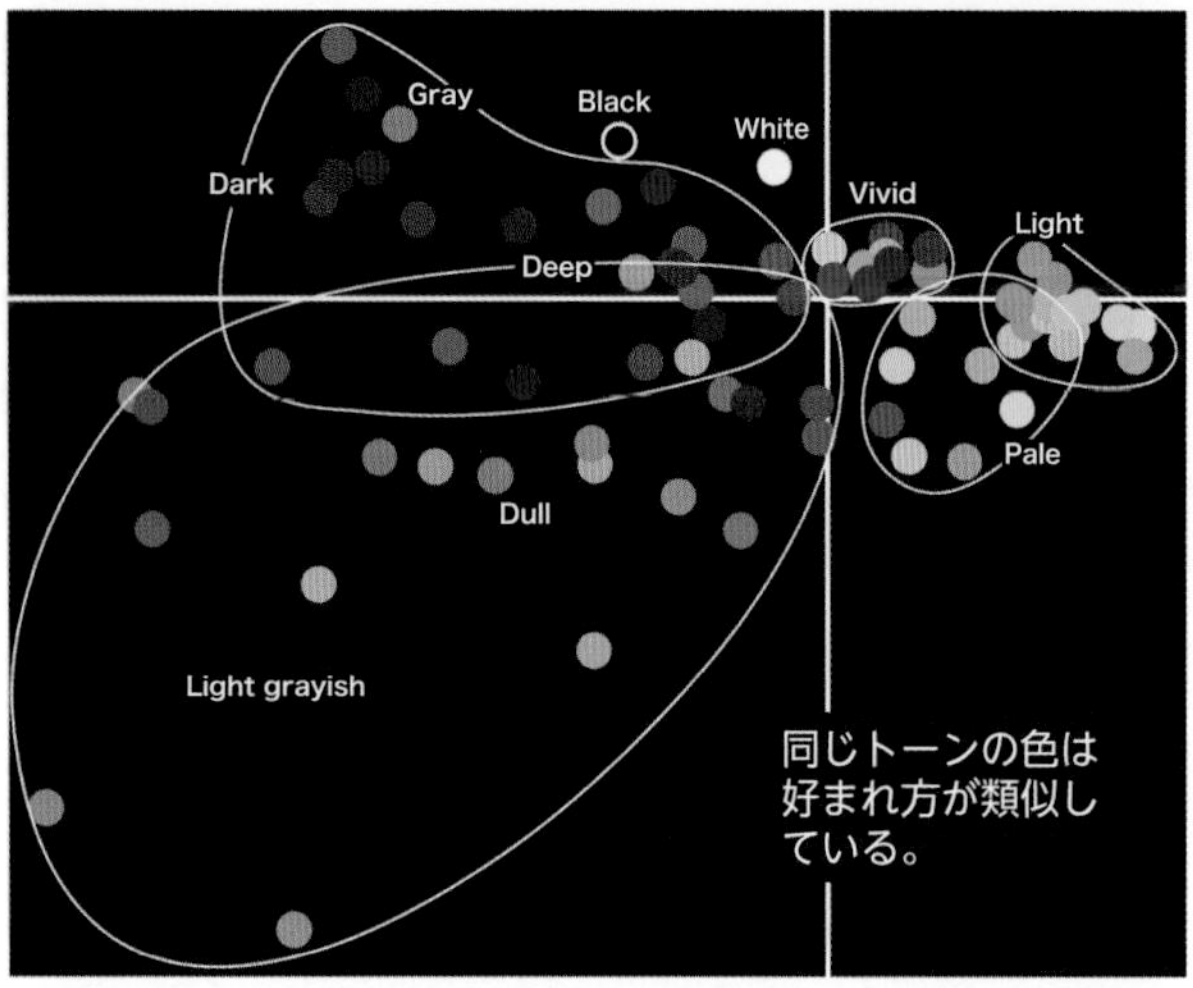

まずは色の好みと性格の関係についてです。「赤色が好きな人は熱しやすく冷めやすい性格、というようなことはなかなか簡単には言いきれません。ただ、約70色から好きな色を３色選んでもらう調査をしたところ、大体の人が同じトーン（色調）※から３色を選ぶという結果が出たことから、トーンと人の性格にはある程度関係があることがわかってきました。例えば、ビビットなトーンを好む人は、明るくて華やかなイメージが好き＝性格も明るくて華やかである、というような形です。でも、引っ込み思案な人が明るくなりたいと思ってそうした色を選ぶ可能性もあるので、この分類もすべての人に当てはまるわけではないのが難しいところです」と名取さん。

※鮮やか、薄い、暗いなど、色の調子・雰囲気が似た色のグループのこと。白い線で囲んだのが同じトーンです。Vivid ＝鮮やかな色味、Light＝明るい色味、Pale ＝薄い色味、Dark＝暗い色味、Deep＝濃い色味、Dull＝くすんだ色味、Light grayish＝明るい灰みの色味

男女による色の好みの違い

	低学年			高学年		
	2009	2011	2014	2009	2011	2014
1位	金 66.9%	金 64.2%	金 69.8%	銀 25.9%	金 32.4%	金 37.8%
2位	銀 60.8%	銀 42.5%	銀 55.3%	金 23.5%	青 29.0%	銀 25.8%
3位	青 13.1%	青 25.2%	青 14.9%	青 22.2%	銀 23.5%	青 23.6%
4位	緑 9.2%	赤 11.4%	赤 10.5%	黒 21.0%	黒 21.4%	黒 16.9%
5位	赤 8.5%	黒 8.6%	緑 6.5%	赤 16.0%	赤 20.4%	赤 14.7%

	低学年			高学年		
	2009	2011	2014	2009	2011	2014
1位	水色 38.1%	水色 37.5%	水色 32.4%	水色 37.8%	黄 33.4%	水色 38.1%
2位	黄 23.7%	ピンク 21.7%	黄 29.9%	ピンク 27.0%	水色 26.0%	ピンク 29.7%
3位	金 20.6%	赤 18.7%	金 22.3%	薄い緑 17.1%	ピンク 23.9%	薄い緑 22.8%
4位	クリーム 18.6%	クリーム 17.8%	紫 21.8%	黄・白	オレンジ 19.9%	黄 21.5%
5位	赤 16.5%	黄 17.3%	ピンク 20.3%	16.2%	黄緑 18.3%	黄緑 14.0%

左の表は同研究所調査による小学生男子の好きな色ランキング、右はその女子バージョンです。男子は金や銀、青や赤などの力強い印象の色、女子は水色やピンク、黄色などの明るく軽やかな印象の色が人気です。男子で青や赤が人気といっても、同じ青系統の水色や赤系統のピンクは選んでいません。とくにピンクは女子の色だという認識があるそうです。小学生の段階で男女でこんなに差があるなんておもしろいですね。

「私たちは多くの色に囲まれて生活していますが、色を意識して生活している人は少ないのではないでしょうか。なにか商品や芸術作品を見るとき、一度色に注目してみてください。とくに自然が作り出した色はとても素敵で、紅葉の時期に色づいた葉を１枚手に取って見ると、多彩な色が混じりあっていることがわかるはずです。色の世界を探検するつもりでさまざまな色に目を向けて、色の世界を楽しんでみてください。そして、自分の心にぐっとくるお気に入りの色を探してみてほしいです。」（名取さん）

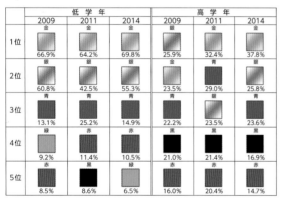

佼成女子で世界が変わる。

自分自身の価値観を打ち破り世界を感化する力を手に入れる

◆SGH（スーパーグローバルハイスクール）の主な取り組み

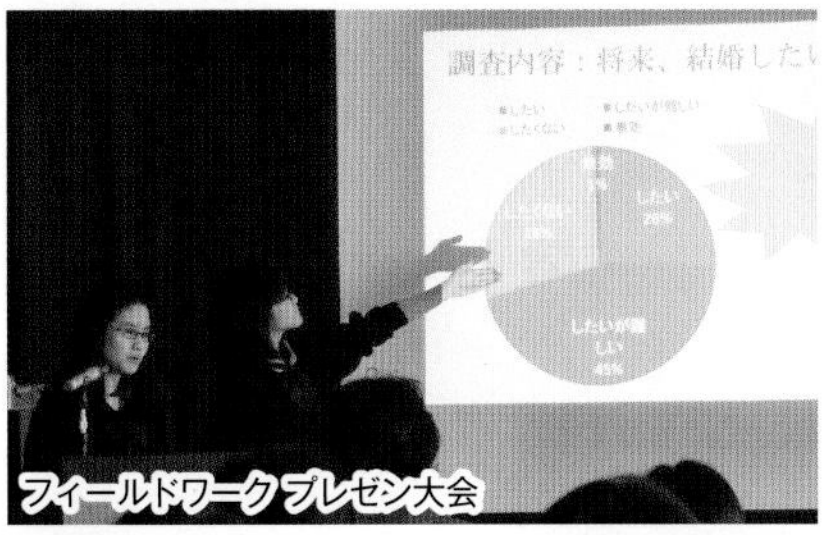
フィールドワーク プレゼン大会

イスラム教寺院訪問

外国人留学生とのグループワーク交流

国際系学部の大学生とのワークショップ

特設英語科目でのTOEFL対策講座

NGO/NPO事務所訪問

JICA地球ひろば訪問

ドキュメンタリー映画鑑賞会や読書会

各界で活躍する方々による出張授業

◆平成26年、SGH（スーパーグローバルハイスクール）に選抜！

応募246校の中から本校を含む56校が第１期校として、文部科学省からSGHに選抜！

◆佼成女子のSGH研究テーマ

フィールドワークを通じて、「異なる民族が平和的に共生できる社会をどのように構築するか、それに対して私たちがどう関わるべきか」というグローバル社会の重要な課題に取り組む。

◆佼成女子のSGH３本柱

SGクラス
タイフィールドワーク
ロンドン研修
国際文化・特設英語

留学クラス
ニュージーランド長期留学
シドニー大学研修

進学・特進文理クラス
日本スリランカ青少年交流
中国青少年交流サマーキャンプ

学校説明会
11月５日（日）
11月26日（日）
12月２日（土）
各14：00～15：30

入試相談会
12月６日（水）
12月８日（金）
12月11日（月）
12月13日（水）
各16：00～19：00

佼成学園女子高等学校

東京都世田谷区給田2-1-1　☎03-3300-2351　http://www.girls.kosei.ac.jp/

【アクセス】京王線「千歳烏山駅」徒歩6分　小田急線「千歳船橋駅」から京王バス15分「南水無」下車

視野が広がる!?

大学研究室 探検隊

Vol.5

東京大学 廣瀬《ひろせ》・谷川《たにがわ》・鳴海《なるみ》研究室

研究内容

バーチャルリアリティにかかわるプログラム開発

中学生のみなさんにはあまりなじみがないかもしれませんが、多くの人が進むであろう大学の研究室では、文系・理系を問わず、日々さまざまな研究が行われています。このコーナーでは、そうした研究室や研究内容を紹介していきます。ここで見つけた研究がみなさんの視野を広げ、将来の目標への道標となるかもしれません。第５回は、バーチャルリアリティにかかわる研究を行う東京大学の廣瀬教授の研究室です。

（画像提供：東京大学廣瀬・谷川・鳴海研究室）

バーチャルリアリティ（ＶＲ）という言葉をみなさんは知っていますか。仮想現実とも表現され、コンピューターで作り出した世界をあたかも現実世界のように感じさせる、それがＶＲです。このＶＲの研究を長年、最前線で行ってきたのが東京大の廣瀬通孝教授です。

「ＶＲは、『ヒューマンインタフェース』という機械と人間のかかわりを研究する学問分野の一つです。中学生のみなさんにとっては、ゲームで考えるとわかりやすいかもしれません。目の前にゲームの世界が広がり剣で敵を倒す。実際には敵も剣も存在していませんが、まるで現実にあるかのように見せ、実際に剣で敵を倒したように感じさせるにはどうすればいいか。コンピューターが作り出したものを見えるようにしたり（可視化）、体験させたりする（可体験化）、それがＶＲです。ＶＲにおいて大切なのは『自分でやった感』です。自分でやったと感じなければ、バーチャルな世界を現実と感じることはありません。」（廣瀬教授）

概念が生まれる前から ＶＲの研究に携わる

廣瀬教授は、元々、飛行機や電車

などの乗りものが好きで、そうしたものを作りたいと思い、東京大工学部産業機械工学科へ入学したそうです。しかしその後、指導を受けた教授の影響でコンピューターの研究に従事するようになります。そして、ＶＲの研究に興味を持ったのは意外な出来事があったからだそうです。

「１９８０年代の初めに、アメリカのディズニーワールドに行きました。そこで立体映像のショーを見たのをきっかけに、３次元の映像の研究をしたいと思いました。そのころはまだＶＲという研究分野はありませんでしたが、１９８９年（平成元年）にはその概念も登場し、現在までずっと研究を続けてきました。」（廣瀬教授）

世間では、２０１６年（平成28年）がＶＲ元年とも言われていますが、ＶＲは１９８９年、みなさんが生まれる前からずっと研究されてきたのですね。廣瀬教授は１９８９年から２０１５年（平成27年）までをＶＲ第一世代、そして、２０１６年からをＶＲ第二世代と表現されます。

「第一世代と比べると、現在は研究スタイルも変わりましたし、技術以外のことも考えなければならなくなっているので大変です。学生によく話しているのは、視点を高く持てということです。現時点での技術に特化したプログラムを開発してしまっては、新たな技術が出てきたときに対応できません。視点を高く持ち、広い視野で研究することが大切です。そこがＶＲ研究の難しさ、そしておもしろさです」と廣瀬教授。

ＶＲに心理的な錯覚を応用する

それでは、研究室で開発されたプログラムをみていきましょう。

まず紹介するのは「扇情的な鏡」というプログラムです。

これは、鏡に映る体験者の表情を、コンピューターによって笑顔や悲しい顔に変え、その表情を見せることで、体験者の感情に影響を与えるというものです。実際の自分の表情とは違う表情を見て、感情が変わるのだろうかと不思議に感じますが、「人間には感情の変化にともなって起きる特定の身体反応を認知すると、自らの感情が呼び起こされるという特性があり、その特性を使っているのです」と廣瀬教授。

廣瀬教授の研究室は工学部に属しているため、こうした心理にかかわる研究は分野が違うようにも感じますが、「ＶＲにおいては工学と心理学は非常に近い関係にあります。人間は目の前に広がる世界を心のフィルターを通して見ていますから、バーチャルな世界を現実世界に感じさせるために、心理的な錯覚を利用しています」と廣瀬教授は話されます。

心理学的な錯覚を利用したプログ

廣瀬通孝（ひろせ・みちたか）／1977年東京大学工学部産業機械工学科卒業、1982年同大学大学院博士課程修了。2006年より同大学大学院情報理工学系研究科知能機械情報学専攻教授。

えくす手

えくす手は手の指の長さを変えたり、位置を入れ替えたりした映像を映し出します。たとえ手の形が変わっても、自分の手だと認識し、自分の手を動かしているというVRで重要な「自分でやった感」を感じるというから不思議です。

扇情的な鏡

鏡に映った体験者の顔を、口角を上げたり目尻を下げたりすることで、笑顔や悲しい顔に変えます。笑顔になると明るい気分に、悲しそうな顔になると悲しい気分になるという人間の特性を利用したプログラムです。

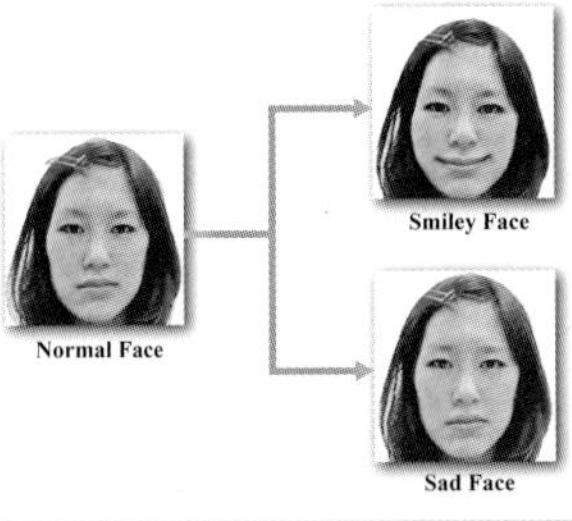

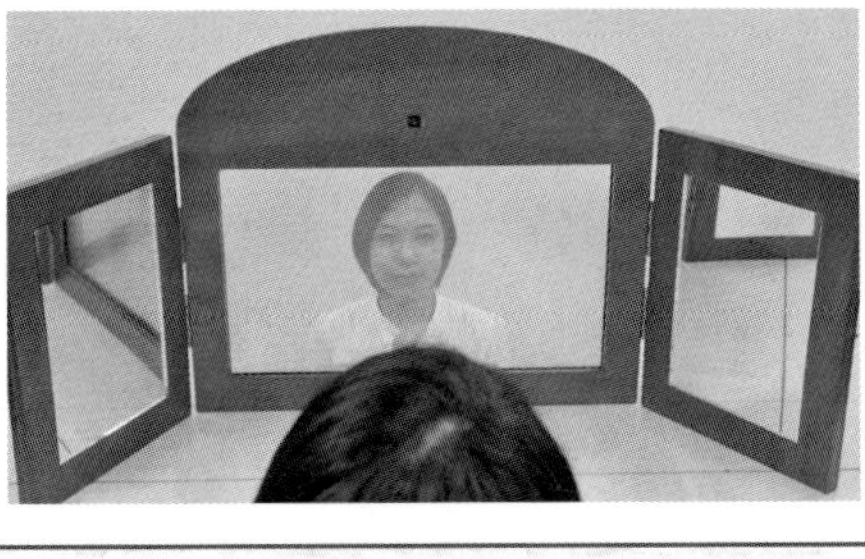

五感インタフェース

HMDで左上の画像を見ながら床の上に置かれた角のある障害物の上を歩くと、階段を登っているように錯覚します。

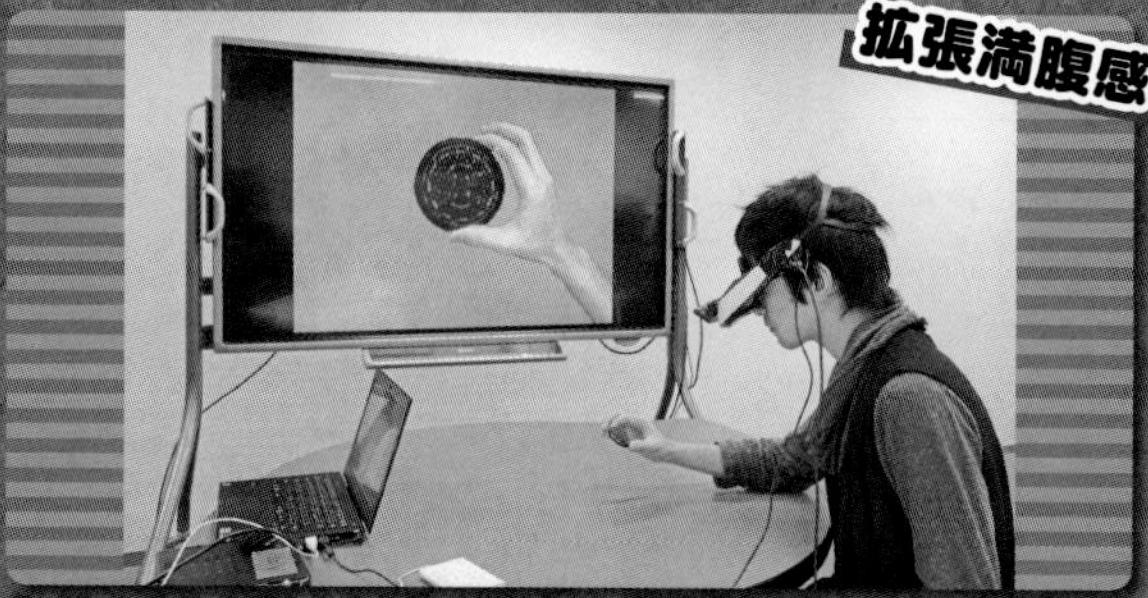

食べもののサイズを大きく見せることで、満腹感を与えつつも、食事量を減らせるプログラムです。

映像と音により雪道を歩く気分が味わえます。

曲がって歩いているにもかかわらず、どこまでも続くまっすぐな道を歩いている気分にさせるUnlimited Corridor。

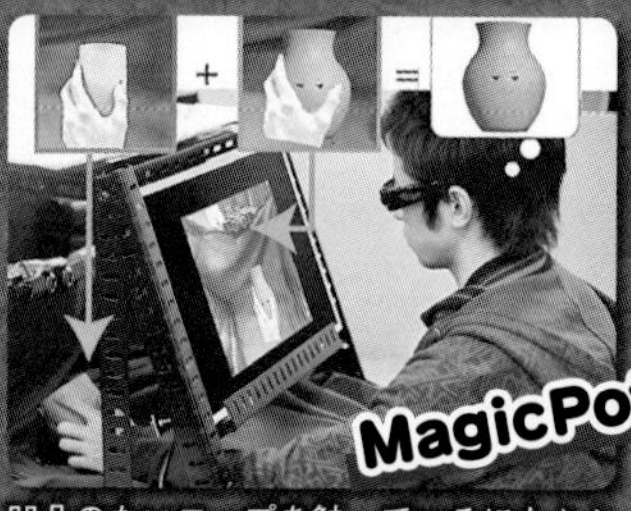

凹凸のないコップを触っているにもかかわらず、視覚的な情報からくびれのある壺を触っているかのように感じます。

ラムとしては「五感インタフェース」という視覚や触覚などの五感にまつわるプログラムがあります。具体的なプログラムを3つご紹介します。

「Infinite Stairs」は平らな床を歩いているにもかかわらず、階段を登っているかのように感じさせるプログラムです。体験者は頭につけるディスプレイ「ヘッドマウントディスプレイ（HMD）」を装着します。HMDの階段の映像を見ながら、角のある障害物が等間隔に置かれている床の上を歩きます。すると、視覚的情報と足が角を感じる触覚的な情報から、階段を登っているかのように錯覚してしまうそうです。

「Unlimited Corridor」もHMDを使用します。どこまでも続くまっすぐな道の映像を見ながら、体験者は壁に手をつき、その道に沿って歩いていきます。しかし、まっすぐ歩いているはずが、実際は少しずつ右に曲がり、ゆるやかな曲線を描きながら、同じ場所をまわっているのです。どうしてそのようなことが起こるのでしょう。

「じつは、映像が少しずつ左にずれるようにプログラムされています。すると、体験者は自分が曲がって歩いていると錯覚し、それを修正するために少しずつ右に歩き、まっすぐ歩いているつもりが、結果的に曲線を描きながら歩いてしまうのです」と廣瀬教授は説明されます。

「Yubi-Toko」は、実際に公開されているアプリ（iPadのみ）です。アプリを起動すると、雪道の画像が映し出されます。指で画面を触ると、まるで雪道を歩いているかのように、サクッと雪を踏んだ音がします。雪が深いところは、雪が重くなかなか進まず、まだあまり雪が積もっていないところは抵抗感が小さくサクサクと指を進められるように感じます。しかし、それはそのように錯覚してしまっているだけで、指にはなんの力もかけられておらず、体験者が自ら指に力を入れてしまっているだけだというから不思議です。

博物館と連携した研究 デジタルミュージアム

また、廣瀬教授の研究室の特徴的な取り組みとして、博物館と連携した「デジタルミュージアム」があります。このプログラムにはVRの技術に加え、オーグメンティッド・リアリティ（AR）の技術が取り入れられています。

「ARはコンピューターで作り上

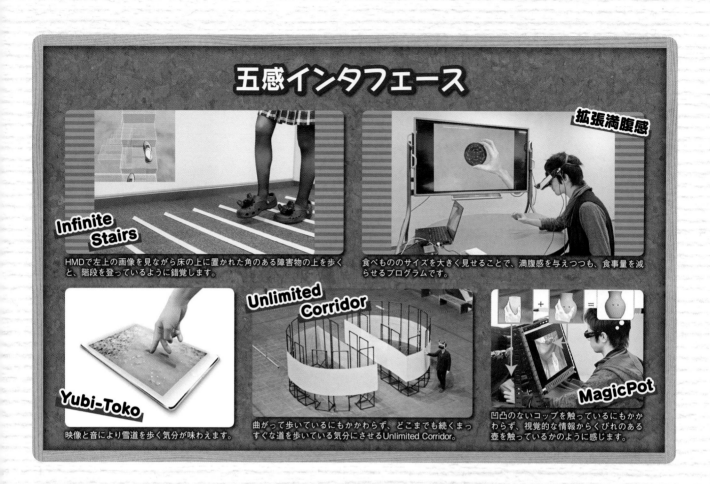

げた世界を現実世界に重ねあわせる技術です。例えば現実にはいないはずのポケットモンスターがそこにいて、それを捕まえるというアプリ『Pokémon GO』もそうですね」と廣瀬教授。

いくつかあるデジタルミュージアムの研究のなかから「電車の思い出のぞき窓」と「万世橋・交通博物館 思い出のぞき窓」を見てみましょう。

「電車の思い出のぞき窓」は、博物館に展示されている蒸気機関車にiPadを重ねあわせると、蒸気機関車が実際に走っている映像が映し出されるというプログラムです。

「蒸気機関車は本来動くものですが、博物館のなかで動かすことはできません。しかし、こうした技術があれば、動く姿を来館者に見せることができます。今後、スマートフォンにARの機能が入ってしまえば、このような博物館の楽しみ方が普通になるかもしれません」と廣瀬教授。

「万世橋・交通博物館 思い出のぞき窓」は「Yubi-Toko」同様、実際に公開されているアプリ（iPad、iPhoneのみ）で、みなさんも体験することができます。

東京・秋葉原の中央通りを南に向かった神田川沿いでアプリを立ちあげると、画面に昔の街の様子が映し出されます。そこには以前、交通博物館や万世橋駅がありました。そうした昔の風景を現在の風景に重ねあわせながら見ることができるのです。

「こうしたアプリを使って、昔の風景を楽しみながら街を歩くことが文化になっていくといいですね。例えば、学校で習う昔の建造物を見ることができるアプリを開発したら、歴史の勉強がもっと楽しくなるのではないかと思います。」（廣瀬教授）

このように、VRにかかわるプログラムを多数開発する廣瀬教授の研究室。ほかにも、顔の特徴を変えて別人に変貌させる「Mob scene filter」があったりと、その研究はユニークなものばかりです。VRに興味がわいた人は、今回ご紹介したアプリをダウンロードして体験してみてはいかがでしょう。最後に、廣瀬教授からみなさんへのメッセージをいただきました。

「中学生のみなさんにはぜひ趣味を持ってほしいと思います。好きという感情はモチベーションになります。好きなことを続けていれば、それが将来につながるはずです。工学部に入るために、なにをしておかなければならないということはありません。技術が好きであれば、自然とその道に進むことになるでしょう。」

万世橋・交通博物館 思い出のぞき窓

アプリをダウンロードしたiPadをかざすと、そこに昔の風景が映し出されます。

Mob scene filter

目や鼻といった顔のパーツをかえることで、別人の顔にするプログラム。

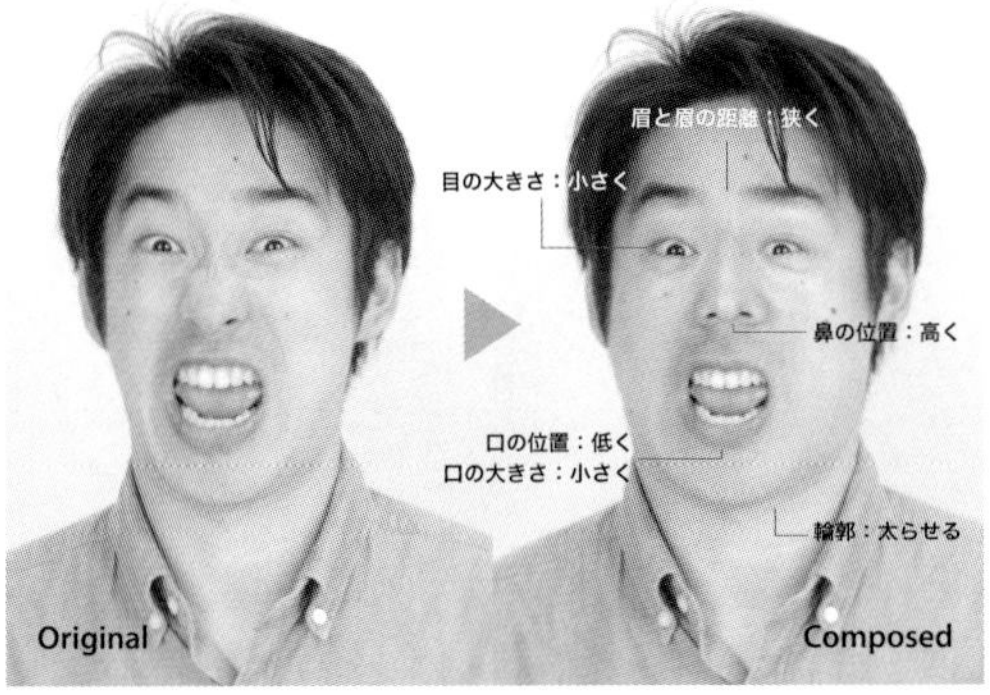

廣瀬・谷川・鳴海研究室

メンバー

東京大学大学院情報理工学系研究科の大学生・大学院生、そのほかスタッフ（特任准教授・講師など）含め約40名

研究室

東京大学本郷キャンパス
東京都文京区本郷7-3-1

School Navi No.267

東京都　台東区　共学校

岩倉《いわくら》高等学校

School Data

所在地	東京都台東区上野7-8-8
生徒数	男子908名、女子274名
TEL	03-3841-3086
URL	https://www.tky-iwakura-h.ed.jp/
アクセス	JR山手線ほか「上野駅」すぐ、地下鉄銀座線ほか「上野駅」徒歩３分、京成線「京成上野駅」徒歩６分

創立120周年を迎え、さらなる「成長」を

教育ミッションに「挑戦のない成長はない」を掲げる岩倉高等学校（以下、岩倉）は、1897年（明治30年）に私立鉄道学校として開校し、長年にわたり鉄道・運輸業界に多くの人材を輩出してきました。

時代のニーズに合わせて、2014年度（平成26年度）には男女共学化し、学科を「普通科」と「運輸科」の2科体制に再編。2016年度（平成28年度）からは、オーストラリアやカナダでの留学プログラムがスタートするなど、より魅力的な学校へと進化を遂げており、今年、創立120周年を迎えます。

2科体制で幅広い進路に対応

普通科のコースは来年度（2018年度）から4コース制になります。国公立や早慶上理などをめざす「S特コース」、G-MARCHなどの難関私立大をめざす「特進コース」、AO入試や推薦入試なども視野に入れた指導を行う「総進コース」に加えて、「L特コース」が新設されるのです。「L特コース」は、勉強と部活動との両立に励みながら、スポーツ分野、芸術分野への進学をめざすコースです。

運輸科では、鉄道に関する専門教育が行われます。専門知識を学ぶ「鉄道概論」や、「鉄道実習」「車両基地見学」といった校外学習などを実施するとともに、鉄道・運輸業界への就職、大学進学へのサポート体制を整えています。

特色ある教育としては、「チャレンジ」という独自のプログラムがあげられます。これは、「誰もが潜在的に持つ『やる気』と『エネルギー』を刺激し、自信と達成感を積み重ねながら将来への前進力を身につけてもらう」ことを狙いとしたプログラムで、例えば、企業が示した課題の解決に向けて、グループで調査や議論を行い、最終的に導いた答えをプレゼンテーションしたりします。

学力向上のためには、放課後を有効活用したASIM（After School Iwakura Method：エイシム）というシステムが用意されています。レベルに応じた各種演習講座が開かれるほか、大学生チューターが常駐する自習室が平日は20時まで、土曜日は17時まで利用できます。さらに、長期休暇中の講習、2泊3日の勉強合宿なども開催されます。

今春共学化1期生が卒業し、今後の発展が楽しみな岩倉高等学校です。

School Navi No.268

東京都　小平市　女子校

白梅《しらうめ》学園《がくえん》高等学校

School Data

所在地	東京都小平市小川町1-830
生徒数	女子のみ800名
TEL	042-346-5691
URL	http://highwww.shiraume.ac.jp/
アクセス	西武国分寺線「鷹の台駅」徒歩13分

「白梅の花」のような女性へ

恵まれた教育環境のなか生徒の夢の実現をサポート

白梅学園高等学校（以下、白梅学園）の校名にある白梅とは、2月〜3月のまだ寒い時期に咲く花のことです。純白の雪のような美しさと、どんな逆境にも負けない強さ、またさまざまな花に先駆けて咲く「白梅の花」のような女性を育てたいという思いから校名がつけられました。

校舎は緑豊かな環境にあり、生徒たちは四季の移り変わりを感じながら高校生活を送っています。もちろん施設も充実。3つの室内体育施設や生徒が自由に使える多目的ホール、自習に使える廊下のカウンタースペース、女性向けのメニューがとりそろえられた学園カフェテリアなどがあります。

こうした環境のなか、白梅学園では、1人ひとりに向きあい、自身も気づいていない資質を伸ばすことで、生徒たちの夢の実現をサポートしています。

国公立大や難関私立大をめざす「特別選抜コース」と難関私立大への進学を目標とする「選抜コース」は、どちらも高1で国語・数学・英語の授業時間数を多く確保し、基礎学力をしっかりと身につけていきます。高2からは文系・理系に分かれ、進路に合わせた学びが展開されます。

3つ目のコースである「進学コース」は、コース内で進学と保育・教育系に分かれます。附属校である白梅学園大学・短期大学への内部進学制度も利用できますが、他大学受験も可能なカリキュラムが組まれています。

こうした教育に加え、白梅学園では春休みに2週間のニュージーランド海外語学研修が行われています。ホームステイをしながら現地の女子校に通い、現地の生徒とともに授業を受けます。出発前には、ネイティブスピーカーの教員による「現地ですぐ役立つ英会話」レッスンと、ニュージーランドの自然や文化、歴史などを研究する事前学習が行われるため、深く学ぶことができます。

さらに2017年度(平成29年度)からは、1月〜4月までの約3カ月を現地の学校で過ごすターム留学もスタートします。

白梅学園高等学校は、生徒1人ひとりの個性を尊重しながら、個々の能力を開発することで「白梅の花」のような女性を育成する学校です。

大森《おおもり》 英一《えいいち》 校長先生

School Data

所在地
千葉県柏市旭町3-2-1

アクセス
JR常磐線・東武野田線「柏駅」徒歩8分

TEL
04-7143-4271

生徒数
男子519名、女子451名

URL
https://cms1.chiba-c.ed.jp/tohkatsu/

- 2学期制
- 週5日制
- 月・木6時限、火・水・金7時限
- 50分授業
- 1学年8クラス
- 1クラス約40名

FOCUS ON

千葉県立 東葛飾高等学校

HIGASHI KATSUSHIKA HIGH SCHOOL

「学力」「人間力」「教養」を高め グローバル社会で活躍する人材へ

2014年度（平成26年度）に地域医療を担う医療従事者育成を目標とする医歯薬コースを設置。2016年度（平成28年度）からは併設中学校が開校しました。新たな歴史を刻む千葉県立東葛飾高等学校では、夢に向かって成長し、社会で活躍できる生徒を育成しています。

「自主自律」の校是のもと 学力・人間力・教養を高める

千葉県立東葛飾高等学校（以下、東葛飾）は、１９２４年（大正13年）に旧制東葛飾中学校として開校されたのが始まりです。創立90周年の２０１４年度（平成26年度）に医歯薬コースが新設。そして２０１６年度（平成28年度）から併設型中学校が開校し、県から中高一貫教育重点校の指定を受けています。

教育方針には、「『自主自律』の校是のもと、自らを律することで、『学力』、『人間力』、『教養』を高め、さらに生涯にわたるキャリアアップをとおし、グローバル社会で活躍できる人材を育成する」を掲げています。

大森英一校長先生は東葛飾の教育方針について、「質の高い授業を実践し、『東葛リベラルアーツ講座』をはじめ多彩な講座も用意するなど、『学力』と『教養』を育む指導は長年の教育活動で培われています。そうしたいま、改めて重視しているのは『人間力』の育成です。生徒には、『よい大人のマナーを意識して自分の行動を考えてみなさい』と伝えています。社会で生きていくなかで『人間力』は一番の支えになるものだと思います。きちんとあいさつをすることや思いやりの心を持つことを意識して学校生活を送る過程で『人間力』を育み、大人になったときに周囲から認められる人間になってほしいと思います」と話されました。

4つのコースの生徒が 切磋琢磨するHRクラス

カリキュラムは、1年次は芸術科目以外共通履修。そして2年次から文コース・文理コース・理コース・医歯薬コースの4コースに分かれます。3年次は各コースに自由選択科目が設けられており、自分の志望する進路に合った履修が可能です。

「文理コースは、2年生の段階では文系と理系の双方に興味があり、どちらへ進むかまだ決めかねている生徒に対応するコースです。進路が固まったら、3年生の自由選択科目で文系科目・理系科目の比率を調整します。幅広い進路選択に応えられる仕組みです。」（大森校長先生）

HRクラスはコース別ではなく、HRクラスにさまざまなコースの生徒が混在する形です。

「本校は行事がとても盛んで、三大祭と呼ぶスポーツ祭・合唱祭・文化

東葛リベラルアーツ講座

教養を深める東葛飾独自の講座。土曜日を中心に多彩な内容が実施されています。「桧枝岐《ひのえまた》歌舞伎鑑賞」など、宿泊を伴うものや校外で実施されるものもあります。

祭はクラスを基本として活動します。コース別にクラス編成をすると男女比がクラスごとに変わってしまうため、行事がやりにくい部分も出てきます。そのため、4コースの生徒が混在するクラス編成を採用しています。メリットは行事がしやすいだけではありません。クラスのなか

医歯薬コース

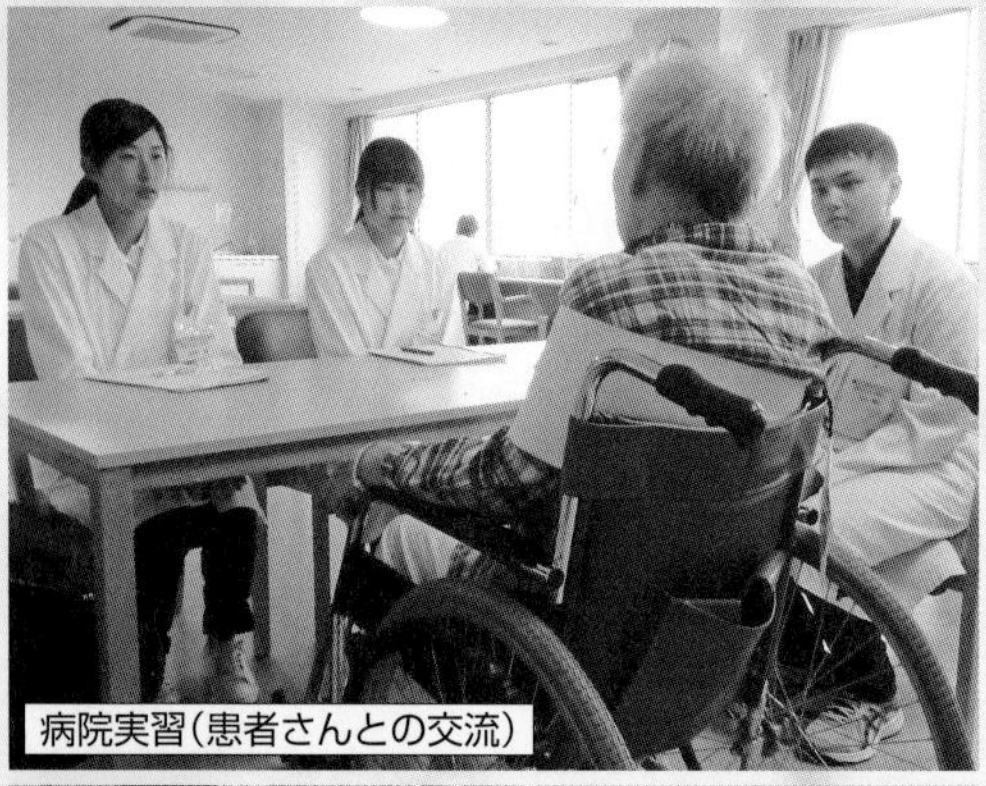
病院実習（患者さんとの交流）

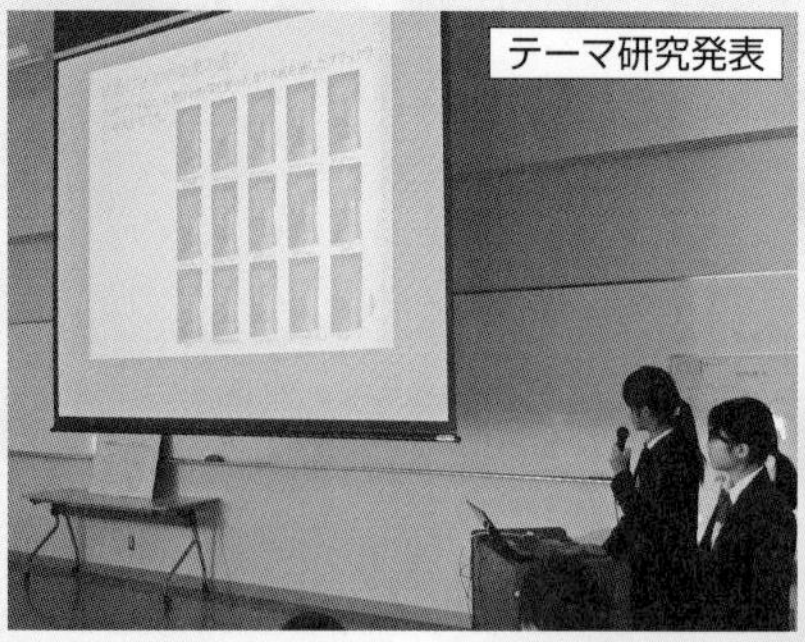
テーマ研究発表

グループ活動

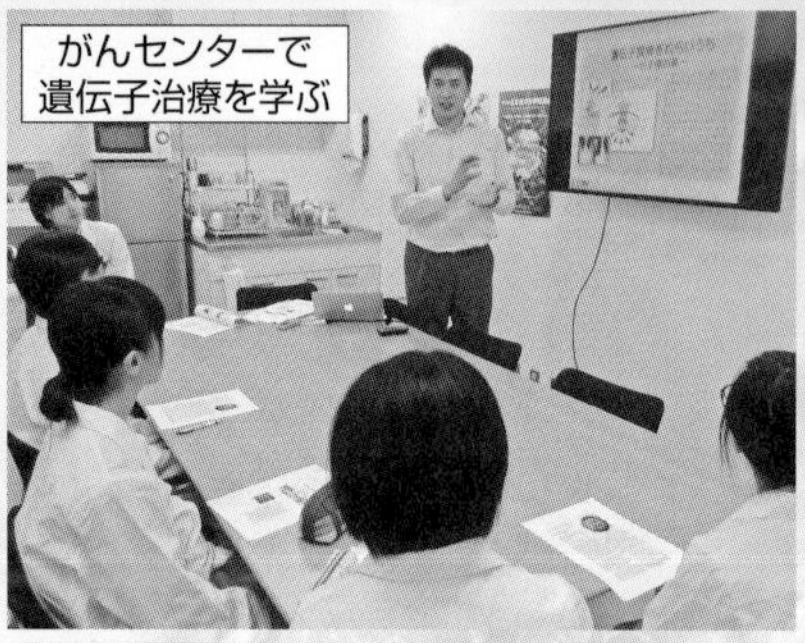
がんセンターで遺伝子治療を学ぶ

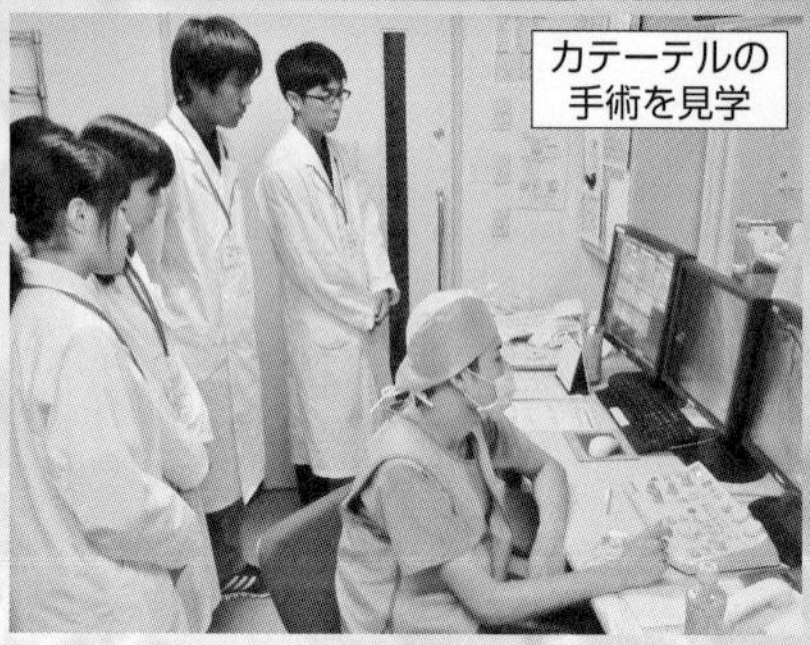
カテーテルの手術を見学

東日本大震災の被災地を訪問

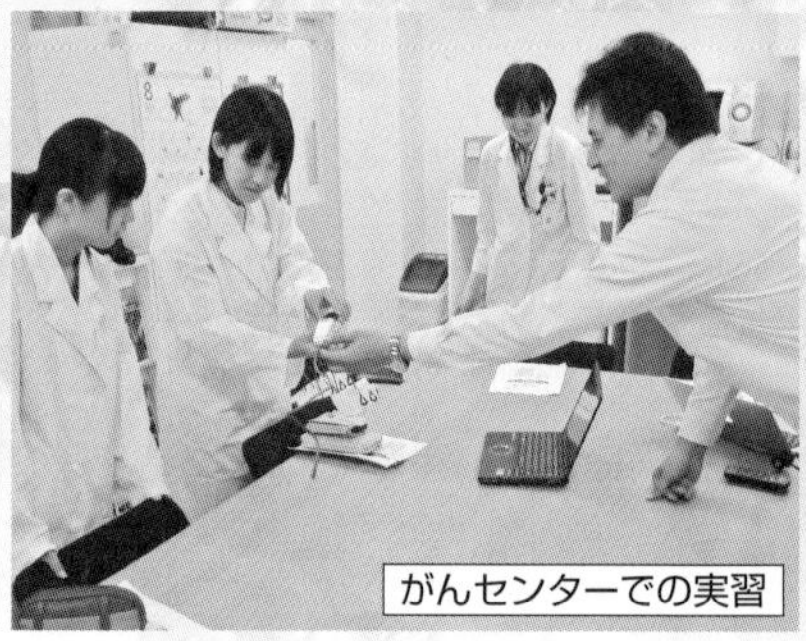
がんセンターでの実習

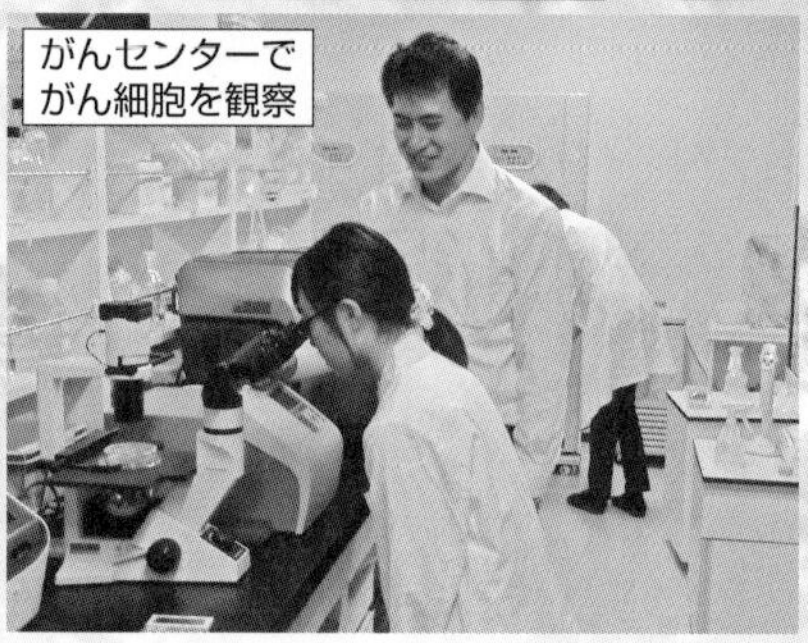
がんセンターでがん細胞を観察

未来の医療従事者育成を目標とする医歯薬コース。病院での実習など、貴重な体験ができます。３年生では医療系大学を見据えた受験対策が用意されています。

で自分と異なる人間を認め、色々なタイプの人と切磋琢磨しながら過ごす経験は、『人間力』の育成にもつながります。」（大森校長先生）

勉強の楽しさを知る さまざまな独自教育

東葛飾では、2学期制により授業時間を確保し、質の高い、学問の本質を理解できる授業が展開されています。体験を重視した内容や生徒参加型の授業を採用するなど、「わかりやすい授業」が心がけられています。理科の実験や数学、社会科の授業ではアクティブ・ラーニングを実施。ペアワークやグループワークによる学びが実践されています。

特色ある教育として、「自由研究」があります。総合的な学習の時間を使い、各自がテーマを設定し、研究論文を執筆します。

「研究は個人でもグループでもかまいませんが、最終的には1人で論文を完成させます。『自由研究』は各学年で課され、1つのテーマを3年間続けて研究することもあります。医歯薬コースでは『医歯薬研究』という名称です。課題探究型学習の先駆と言える取り組みで、40年以上の伝統があります。」（大森校長先生）

また教養を育む課外講座として「東葛リベラルアーツ講座」が開講されています。土曜日を中心に実施され、1年生は年2回受講することが義務づけられています。一般向けの講座が約40、医歯薬コース向けの講座が約20用意されています。

「昨年度、東京大に合格したある卒業生は、興味ある講座をすべて受講したそうです。聴講しながら学問のおもしろさに目覚め、受験勉強も思うように進められたと聞きました。」（大森校長先生）

医師不足解消を担う 医歯薬コースの設置

医歯薬コースは、千葉県の医師不足の実態をふまえ、将来の地域医療を担う人材の育成を図るために設置されました。柏市医師会を中心に、千葉大や帝京平成大などの協力のもとで指導体制ができています。

2年生で医歯薬コースを選択することを考えている生徒は、1年生で「医歯薬プレ講座」を選択します。この講座は医歯薬コースに進むための準備講座で、9回行われます。

大森校長先生は「医歯薬プレ講座」について、「1年生のときに自己の医療従事者としての適性を確認する

学習風景

質の高い授業が魅力。自習室では、多くの生徒が自主的に取り組む姿も見られます。

授業風景

自習室

画像提供：千葉県立東葛飾高等学校

行事

スポーツ祭

合唱祭

「三大祭」として親しまれている「スポーツ祭」「合唱祭」「文化祭」をはじめ、行事も盛んな学校です。

ともに、倫理観や人間性を育てます。第1回は保護者にも参加してもらい、医療系学部へ進学する際にかかる費用の話などもします。現在の医歯薬コースは、2年生が38名、3年生が27名です」と説明されます。

医歯薬コースの2年生は「医歯薬研究1・2」を履修します。「医歯薬研究1」は、専門機関によるインターンシップ体験や少人数教育を体験し、「医歯薬研究2」では「医歯薬研究1」の予習・復習やテーマ研究が行われます。

3年生の「医歯薬研究3」は、医療系学部進学のための受験対策講座です。面接や小論文への対策、問題分析などが実施されます。

松下村塾のような学校づくりをめざす

東葛飾の進路指導は、「進学指導」(受験指導)とその先の人生を考える「生き方・在り方教育」(キャリア教育)の2本柱です。夏季講習や冬季講習、インターンシップ(職業体験)、高大連携事業など多彩な取り組みが実施されています。

東葛飾では、こうした2本柱の進学指導により、毎年国公立大や難関私立大へ多数の合格者を輩出しています。また、医歯薬コースでは、2017年度(平成29年度)入試で医学部へ15名という結果を出し、コースで学んだ成果も少しずつ出てきています。

大森校長先生に、今後の展望と読者へのメッセージを伺いました。

「私は吉田松陰の主宰した松下村塾のような学校づくりをめざしたいと思っています。教員と生徒、先輩と後輩が互いに意見を出しながら、『学力』、『人間力』、『教養』を養ってもらいたいのです。そのためには大きな夢を持ってほしいです。本校では夢を持って、夢を語れる意欲的な生徒さんを待っています。東葛飾で楽しみながら勉強し、成長してほしいと思います。」(大森校長先生)

2017年度(平成29年度)大学合格実績 ( )内は既卒

大学名	合格者	大学名	合格者
国公立大学		私立大学	
北海道大	1(1)	早稲田大	122(46)
東北大	5(5)	慶應義塾大	42(13)
筑波大	23(9)	上智大	35(10)
埼玉大	9(4)	東京理科大	113(53)
千葉大	30(8)	青山学院大	25(4)
東京大	6(0)	中央大	27(11)
東京外大	9(2)	法政大	55(23)
東京学芸大	1(0)	明治大	102(38)
東京工大	11(5)	立教大	71(15)
一橋大	9(5)	学習院大	15(3)
京都大	7(4)	国際基督教大	3(1)
大阪大	4(2)	芝浦工大	38(19)
その他国公立大	39(16)	その他私立大	374(116)
計	154(61)	計	1022(352)

模擬試験と過去問を上手に併用することが大事

前回の記事では、模擬試験（模試）の受け方についてアドバイスしました。みなさん、あれから実際に模試を受けましたか？　今回は模試と過去入試問題（過去問）の関係性についてお話しします。これからの学習計画を立てる際に、ぜひ参考にしてみてください。

模試の結果がよくても合格するとは限らない

この時期に模試を受けると、その結果にとらわれてしまう受験生が多いのではないでしょうか。しかし、模試の結果は、必ずしも実際の入試の結果につながるものではありません。

なぜなら、模試の問題は、志望校の問題とは異なるからです。より詳しくいうと、公立高校のほとんどは入試が共通問題なので、ある程度は模試の結果が参考になるといえます。一方、私立高校は学校によって問題も異なり、出題傾向もさまざまなので、模試の結果が参考にならない場合も大いにあるのです。

例えば、大学受験においても、「大学入試センター試験の模試」では問題がすいすい解けるのに、「東京大の模試」では全然できないことがあります。学校によっては問題の難易度が非常に高かったり、出題傾向が特殊だったりする場合もあるのです。あるいは、問題量を多くし、処理能力を問うような学校もあります。ですから、模試だけで志望校対策に事足りると思ってしまうのは、非常に危険です。

過去問を解くことが課題発見の機会に

そこで、ぜひこの時期に取り組んで

和《わ》田《だ》秀《ひで》樹《き》 1960年大阪府生まれ。東京大学医学部卒、東京大学医学部附属病院精神神経科助手、アメリカのカールメニンガー精神医学校国際フェローを経て、現在は川崎幸病院精神科顧問、国際医療福祉大学大学院教授、緑鐵受験指導ゼミナール代表を務める。心理学を児童教育、受験教育に活用し、独自の理論と実践で知られる。著書には『和田式　勉強のやる気をつくる本』（学研教育出版）『中学生の正しい勉強法』（瀬谷出版）『［改訂新版］学校に頼らない 和田式・中高一貫カリキュラム』（新評論）など多数。初監督作品の映画「受験のシンデレラ」がモナコ国際映画祭グランプリ受賞。

的指導

ほしいのは、志望校の過去問を解くことです。過去問を解くことで、志望校のレベルと自分のレベルが合っているかを確認できます。また、志望校の出題傾向がわかり、それに対する自分の課題も見えてきます。実力がついてくるこの時期だからこそ、模試は今後の学習計画を左右する重要な課題発見の機会となるはずです。

ちなみに、過去問は学校ごとに数年ぶんの問題がありますが、この時期に重要なのは、たくさん解くことではなく、必ず1回以上解くこと。そして、出題傾向や問題量といった特徴をつかみ、今後の自分の学習計画やペース配分への参考にすることが大切です。

入試本番の緊張感は模試で経験できる

では、過去問を解いていれば、模試は受けなくてもいいのでしょうか。そんなことはありません。

過去問は、確かに自分の志望校のリアルな試験問題を解けるので、課題発見やペース配分の参考にできるのは明らかです。しかし、過去問で合格ラインの点数が取れても、入試本番で落ちてしまうことがあります。その理由は、模試にはあって過去問にはない機能がポイントです。

それは、模試では入試本番のような緊張感が得られること。試験会場という空間のなかで、ほかの受験生といっしょに問題を解き始め、見慣れない解答用紙に書き込んでいく、そんな緊張感のなかで、いかに実力を発揮できるか、模試を受ければシミュレーションをすることが可能です。

この時期に重要なことは、模試と過去問を上手に併用することです。双方の特徴を活かし、受験本番に向けて一気に勢いをつけましょう。

和田先生に聞く お悩み解決アドバイス

Q どうすれば自分に自信が持てる？

A 「自信」の意味を考え行動に移してみよう

そもそも、みなさんのいう「自信」とはどういうものでしょうか。まずは、そこから考えてみてください。

「絶対に合格できる」と思い込むことが自信でしょうか。であれば、その自信を持ってしまうと、逆に勉強をしなくなってしまうかもしれません。本当の自信とは、「やればできるはず」「やってできなければ、やり方を変えてみよう」と前向きに考えられることだと私は思います。

私は、大学受験に関する本をたくさん書いていますが、「こんなの東京大出身の人だから言えること。ぼくには参考にならない」という受験生にたびたび出会うことがあります。まずは試してみて、うまくいけば自信が得られるし、仮にうまくいかなくても、やり方を変えればいいだけのこと。それなのに、彼らはやる前から諦めてしまうのです。自信を持ちたいなら、まずは行動してみてください。前回より今回、今回より次回、と少しずつ点数を伸ばしていれば、やがて大きな自信が得られることでしょう。

和田式教育

21世紀型教育を学ぶ「教育学部」がスタート

いま注目の新しい学びを実践する

開智国際大学

今春4月、千葉県柏市の開智国際大学に、日本で最も注目されている21世紀型教育を推進する教育学部がスタートしました。

開智国際大学は、首都圏で東大をはじめとする難関大学進学実績が年々伸びている開智高等学校や開智未来高等学校、国際バカロレアの教育を実践する開智日本橋学園中学校・高等学校（※1）と開智望小学校を併設校に持ち、これから伸びる大学として期待されています。このスタートしたばかりの「教育学部」の魅力を取材しました。（取材・SE企画）

東京駅から常磐線快速電車に乗ると約30分で柏駅に到着します。柏駅からはバスに乗り「柏学園前」で下車し、3分歩くと緑の森の中に落ち着いた佇まいのキャンパスが見えてきます。出迎えてくれたのが、東京の都立高校でトップレベルの進学校都立西高校の校長、東京学芸大学特命教授を歴任された開智国際大学副学長の柿添先生。

激変する社会に対応できる21世紀型の教育が必要

まず、教育学部を新設した理由を尋ねました。

「第一の理由は、世界がグローバル化し、ＡＩやロボットの進歩で世界が大きく変わっていることです。この変化に対応するために、学校の教育は『教えてもらう学び』から文部科学省が推進しようとする『主体的、対話的で深い学び』に変わらなければなりません。いわゆる21世紀型教育です。

しかし、今までの教育学部ではこのような指導のできる教師を育てにくいので、新しい教育学部を創ることにしました。

第二の理由が、併設の小、中、高等学校では以前から探究型教育を行い、生徒が主体的に学び、創造力やコミュニケーション力をつける授業や行事を行ってきました。

教師になりたての若い先生は教える学びはできても、生徒が主体的に学ぶ授業はできません。そこで、開智学園に赴任して、すぐにでも探究型で生徒主体の授業ができる教師を育てたいと、強く思ったことが理由です。また、このように育てた教師は日本のどの学校へ赴任しても、『主体的、対話的で深い学び』の指導ができ、このような21世紀教育を推進し、社会がどのように激変しようとも対応できる生きる力を持った人材を育てることができるからです」と柿添副学長は熱く話してくれました。

21世紀型教育を指導できる教師の育成

新しい教育を指導できる教師をどのように育てるのかを伺ってみました。

「そのために大学での授業を講義形式から『主体的、探究的で深い学び』に変えました。授業は講義型でもＰＩＬ型授業といって、講義の中に教員と学生の対話を取り入れたり、ＰＢＬ型授業といって、学生同士が協働型で調べたり、論議したり、発表したりする授業が多くなりました。

また、21世紀型教育を推進している併設校でのインターンシップに大学1年生から参加しています。

小学校教員養成課程では、開智望小学校でのインターンシップに参加しています。運動会では教師と共に運動会の運営に参加しました。夏休みには学校で行っている夏休み学童教室にアルバイトとして参加し、子供たちと一緒に遊び、実験の補助や自然観察など様々な活動を行ったそうです。

2学期には、探究発表会という子供たちがテーマを決めて探究した研究発表会を、学童教室で親しくなった何人もの子供たちに「私の発表を見に来てください」

※1 平成30年度校名変更

と誘われ見学しました。発表の内容だけでなく、その後の保護者との質疑応答での子供たちの受け答えにも感心した学生が多かったと聞いてます。2学期の授業見学では、学生たちは子供たちが教師の指導をもとに、主体的に学んでいること、これからの授業はこのように変わっていくのだという事が理解できたといっています。

さらに、3学期には集中学校インターンシップを2週間、授業のアシスタントとして参加し、教師が行う、子供たちが主体の授業をどのように実践しているかを学んでいきます。

中等教育教員養成課程の学生は、開智日本橋学園中学校・高等学校（※1）で1学期からインターンシップがスタートし、授業参観や文化祭への参加などを行いました。大学の授業がない時には、併設校に事前に連絡すればいつでも、そこに行って授業見学などができます。今後、部活の補助やチューターなども検討しています。

このようなインターンシップを大学1年生から行うことで、大学で何を学び、どのようなスキルを身に着けていかなければならないかが分かり、授業にも全力で参加する学生が多くなっています」と柿添副学長はくわしく話してくれました。

開智国際大学・入学試験実施日程（教育学部・国際教養学部）

入試形式		試験日	出願期間	合格発表
AO入試	Ⅲ期	12月16日（土）	11月21日（火）～12月12日（火）	12月21日（木）
公募推薦入試	Ⅱ期	12月16日（土）	11月21日（火）～12月12日（火）	12月21日（木）
	Ⅲ期	3月 6日（火）	1月 9日（火）～3月 1日（木）	3月 8日（木）
特待入試	Ⅰ期	12月16日（土）	11月21日（火）～12月12日（火）	12月21日（木）
	Ⅱ期	2月 6日（火）	1月 9日（火）～2月 1日（木）	2月 9日（金）
一般入試	Ⅰ期	1月27日（土）	1月 9日（火）～1月23日（火）	1月31日（水）
	Ⅱ期	2月 6日（火）	1月 9日（火）～2月 1日（木）	2月 9日（金）
	Ⅲ期	2月20日（火）	1月 9日（火）～2月15日（木）	2月23日（金）
	Ⅳ期	3月 6日（火）	1月 9日（火）～3月 1日（木）	3月 8日（木）
大学入試センター試験利用入試	Ⅰ期	大学独自の試験は行いません	12月25日（月）～1月12日（金）	2月 2日（金）
	Ⅱ期		1月15日（月）～2月12日（月）	2月16日（金）
	Ⅲ期		2月12日（月）～3月13日（火）	3月16日（金）

教授や先生方との距離が非常に近い少人数教育

最後に開智国際大学の特徴を北垣学長に伺いました。

「一番の特徴は少人数教育です。1学年150名が定員で、今年は国際教養学部に101名、教育学部に56名が入学しました。教育学部は小学校教員養成課程と中学校教員養成課程に分かれ授業をしていますから、多くの授業が20名以下で行われます。教員が学生全員の名前を呼びかけながら授業をすることで、学生も高い意識を持って集中して勉強しています。

次に、教授陣が新しい教育学部を創ることに燃えていることです。社会科教育専門で学部長の坂井教授は、3月まで東京学芸大学で教鞭をとられていました。附属校の校長を兼任されていたこともあり、学校現場も、教育研究についても長けており、理想の教員養成を行うために先頭に立って教育学部の授業や教職センターの運営に力を注がれています。

さらに、九州大学から着任された教育行政専門の八尾坂教授、千葉大学から来られた算数専門の島田教授、茨城大学で教鞭をとられていた体育教育専門の岡本教授をはじめ、小学校校長を歴任された先生方などベテランの教授陣がそろい、一丸となって学生指導にあたっています。

そのほか、ICT機器を新調し、ICT教育の推進にも力を入れています。

大学1年生からすでに教員採用試験対策講座を設け、多くの学生が受講しています。また、優秀な学生に入学してほしいことから、特待生制度は他大学よりはるかに充実しています。

今年度の入学者は4年間の授業料が国立大学より廉価になる特待生（留学生を除く）が40パーセントを超えています。今年も特待生試験や大学入試センター試験利用の特待生など合わせて、150名定員のうち50名前後の特待生が入学できるように計画しています。

そのため、大学入試センター試験利用入試の**受験料は1000円**と破格になっています」（北垣学長）

優れた教授陣が21世紀型教育を少人数指導する魅力いっぱいの開智国際大学の教育学部はまさにパワーと情熱あふれる学部です。これからますます人気が上昇することは間違いないといえるでしょう。

開智国際大学

〒277-0005 千葉県柏市柏1225-6

URL: http://www. kaichi. ac. jp

LINE　大学HP

■最寄り駅

JR常磐線・東武アーバンパークライン「柏」駅

■併設校

開智小学校・中学校・高等学校、開智未来中学校・高等学校、開智日本橋学園中学校・高等学校（現・日本橋女学館高等学校）、開智望小学校

教えて マナビー先生!

世界の先端技術

search **京王電鉄の新型車両**

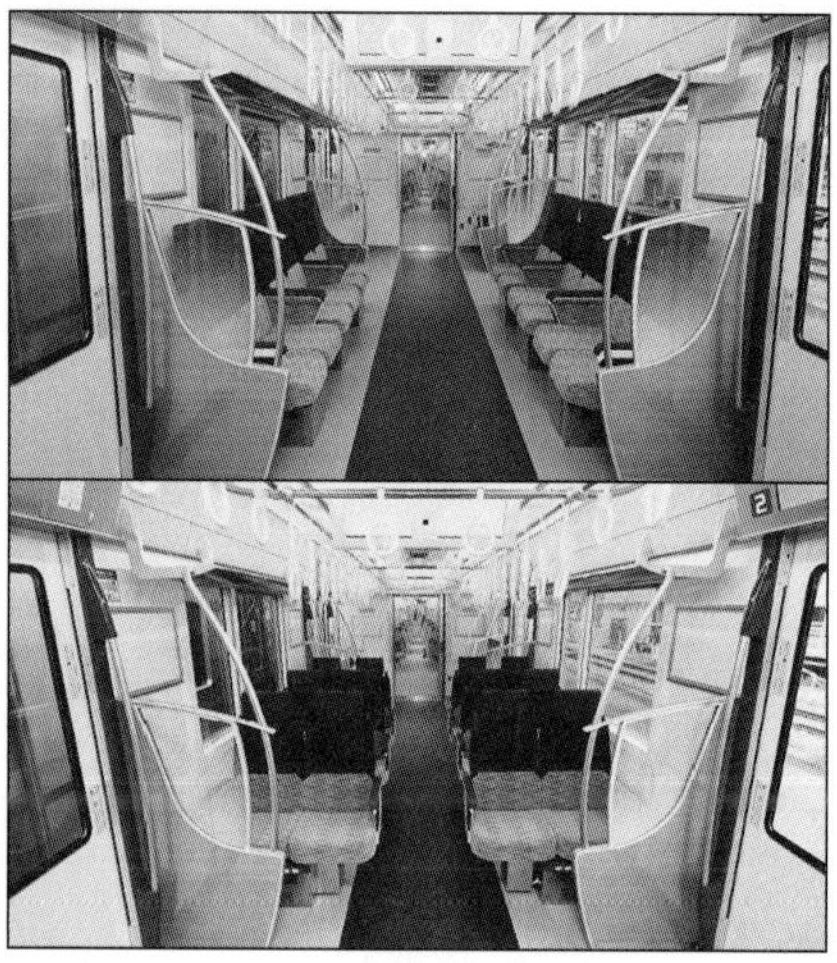

通勤電車のときはロングシート㊤、座席指定列車にするときはクロスシート㊦に早変わり（写真提供／京王電鉄株式会社）

▶マナビー先生 プロフィール

日本の某大学院を卒業後、海外で研究者として働いていたが、和食が恋しくなり帰国。しかし科学に関する本を読んでいると食事をすることすら忘れてしまうという、自他ともに認める“科学オタク”。

ときに応じて座席の向きが早変わりする電車が新登場

小さいころ電車が好きだった人は多いのではないだろうか。今回紹介する電車で、そんな子どものころの思い出がよみがえってくるかもしれない。東京の京王電鉄が新しく導入した車両5000系だ。

普通、通勤電車の先頭車両正面は四角く平べったい形をしているよね。でも、この新しい電車は通勤時にも走るんだけど、とんがっていて、かっこいい。新幹線ほどではないけどね。いかにも新しい電車だなと感じさせてくれる。

外観だけではないよ。座席も斬新だ。通勤電車の座席は横長のフラットなロングシートだよね。この電車も通常運行時は横長のロングシートになっている。各座席の幅はいままでより広くなり、ヘッドレストとひじ掛けがついてとても座りやすくなった。

ところが、座席指定列車として使うときには、イスが2席づつ分かれて回転し、進行方向を向くクロスシートにすることができる。利用状況に応じてイスの配置を変えられるんだ。

イスなどの内装は、この電車が走っている八王子特産の絹織物の柄を採用している。

さらに、電車に乗るとき、多くの人がスマートフォンを使って通信やゲームをやっているけど、スマートフォンを使う人に優しい機能もたくさんある。

まずはWi-Fiだ。できるだけ通信料を下げるために車内でWi-Fiに無線接続ができるようになった。いままでも駅にはWi-Fi接続の環境がそろっていたけれど、走行中の電車のなかで使うこともできるんだから便利だ。また、スマートフォンは電池の消耗が激しく、すぐに電池が減ってしまうけど、そんな人のために各座席にコンセントも用意されている

エネルギー効率をよくするための配慮も欠かすことができない。車内照明は、電気の使用量を抑えることができるLED照明になった。いままでの電車でも、ブレーキをかけて減速する際には、回生ブレーキといって、モーターを発電機代わりに使って電気を発生させ、その電気を架線経由で戻す仕組みが使われていた。この車両では電車にバッテリーを積むことで、その発電システムからバッテリーに充電してLED照明などの電力として使うことができるようになった。

バッテリーを積んだことで便利になった部分もある。電車はなんらかの原因で架線から電気が供給されなくなると動けなくなる。モーターを動かす電気が来ないのだから当然だ。こうしたトラブルで電車が駅と駅の間で止まってしまって、線路をトボトボとお客さんが歩いているニュースを見た人も多いと思う。この電車ではバッテリーのおかげで、電力が来なくなっても、蓄えていた電力で少しの距離なら移動できるようになったんだ。

人にやさしい機能満載の電車、早く乗ってみたいね。

※このページは37ページから読んでください。

リレーで１位になると（Ｂ＝60）、合計得点が170点になる。そうすると、Ａチームと同点になり、Ａチームの単独優勝が消えてしまう。

だから、Ｂチームは２位以下でなければならない。しかも、Ａチームがリレーで２位だから、Ｂチームは３位以下ということになる。

◎Ｃチーム

リレーで３位以上になると（Ｃ≧40）、合計得点が170点か、それ以上になってしまう。だから、Ｃチームは４位以下でなければならない。

◎Ｄチーム

Ｂチームと同じ理由で、３位以下であればよい。

◎Ｅチーム

リレーで１位になっても、合計得点が150点であり、Ａチームの単独優勝に影響しない。だから、Ｅチームは何位でもいい。

◎Ｆチーム

リレーで１位になっても、合計得点が130点であり、Ａチームの単独優勝に影響しない。Ｅチームと同じく、何位でもいい。

これらをまとめると、次のようになる。

Ｂチーム、Ｄチームは３、４、５、６位のどれかである。

Ｃチームは４、５、６位のどれかである。

Ｅチーム、Ｆチームの２チームは１位か３、４、５、６位のどれかである。

これを整理して表にすると、

（数字は順位）

Ａチーム	2	2	2	2	2	2	2	2
Ｂチーム	3	5	3	4	3	6	3	4
Ｃチーム	4	4	5	5	4	4	6	6
Ｄチーム	5	3	4	3	6	3	4	3
Ｅチーム	1	1	1	1	1	1	1	1
Ｆチーム	6	6	6	6	5	5	5	5

Ａチーム	2	2	2	2	2	2	2	2
Ｂチーム	3	6	3	5	5	6	4	6
Ｃチーム	5	5	6	6	4	4	5	5
Ｄチーム	6	3	5	3	6	5	6	4
Ｅチーム	1	1	1	1	1	1	1	1
Ｆチーム	4	4	4	4	3	3	3	3

Ａチーム	2	2	2	2	2	2	2	2
Ｂチーム	4	5	5	6	4	6	4	5
Ｃチーム	6	6	4	4	5	5	6	6
Ｄチーム	5	4	6	5	6	4	5	4
Ｅチーム	1	1	3	3	3	3	3	3
Ｆチーム	3	3	1	1	1	1	1	1

Ａチーム	2	2	2	2	2	2	2	2
Ｂチーム	3	6	3	5	3	6	3	4
Ｃチーム	5	5	6	6	4	4	6	6
Ｄチーム	6	3	5	3	6	3	4	3
Ｅチーム	4	4	4	4	5	5	5	5
Ｆチーム	1	1	1	1	1	1	1	1

Ａチーム	2	2	2	2
Ｂチーム	3	5	3	4
Ｃチーム	4	4	5	5
Ｄチーム	5	3	4	3
Ｅチーム	6	6	6	6
Ｆチーム	1	1	1	1

これで、36通りあるとわかるだろう。

正 解　　36通り

(iii)を、表に頼らずにもっと手早く解きたいという人は、次のように考えるといい。

① Ｃチームは４、５、６位のどれかで、Ｂチーム、Ｄチームは３、４、５、６位のどれかである。

② Ｃチームが４位の場合

Ｂチーム＝３位・Ｄチーム＝５位

Ｂチーム＝３位・Ｄチーム＝６位

Ｂチーム＝５位・Ｄチーム＝６位の３通りがある。

さらにその逆の

Ｂチーム＝５位・Ｄチーム＝３位

Ｂチーム＝６位・Ｄチーム＝３位

Ｂチーム＝６位・Ｄチーム＝５位の３通りがある。合わせて６通りある。

③ Ｃチームが５位の場合も同じように、６通りある。

④ Ｃチームが６位の場合も同じで、６通りある。

⑤ したがって、Ｂチーム、Ｃチーム、Ｄチームの組合せは18通りだ。

⑥ この18通りとＥチームの組み合わせは、Ｅチームが１位の場合と残りの順位の場合の２通りある。

⑦ したがって、18×２＝36で、36通りある。

⑧ この36通りの１つひとつは、例えば＜１位＝Ｅチーム、２位＝Ａチーム、３位＝Ｂチーム、４位＝Ｃチーム、５位＝Ｄチーム＞で、１チームが欠けるが、それを補うのがＦチームである。

⑨ つまり、ＥチームとＦチームは、Ａ、Ｂ、Ｃ、Ｄチーム以外の順位を埋める役割を果たしている。

⑩ だから、組合せは18×２＝36で、36通りが正答になる。

ほら、手早くできたね。

※このページは37ページから読んでください。

130点（$p＝u＝40$）（上の①と(i)を見落としてはいけないよ）。

Dチーム→「綱」３位、「大」１位なら、

120点（$q＝40$、$v＝60$）。

Eチーム→「綱」で３位になれば、110点（$r＝40$）。

Fチーム→「綱」で３位になれば、100点（$s＝40$）。

というわけで、点数の高さでは、B・Cの２チームに目がいく。

では、Yはどうだろうか？「合計点が最も低いチーム」はというと、

Aチーム→120点

Bチーム→「大」で４位になれば、110点（$t＝30$）。

Cチーム→「綱」と「大」で４位になれば、

110点（$p＝u＝30$）。

Dチーム→「綱」で６位、「大」で４位なら、

60点（$q＝10$、$v＝30$）。

Eチーム→「綱」で６位になれば、80点（$r＝10$）。

Fチーム→「綱」で６位になれば、70点（$s＝10$）。

というわけで、E・Fの２チームが目につく。つまり、

A．最高がBチーム（140点）で、最低がEチーム（80点）

B．最高がCチーム（130点）で、最低がFチーム（70点）

このどちらかだとわかる。

ところが、Bチームが「大」で１位だとしたら$t＝60$であり、「綱」の得点と合わせると２種目合計で110点になってしまう。

そうすると、その場合、Dチーム合計点と矛盾が生じるのだ。

Bチームの２種目合計110点に対して、Dチームは「綱」も「大」も最良でも３位（$q＝v＝40$点）であり、２種目合計80点で終わってしまう。これでは、問題の(ii)に反することになるのだ。

これで、上のAは消えて、Bが正しいと判明する。「最高がCチーム（130点）で、最低がFチーム（70点）」なのだ。

そこで、色々なことがわかる。

Cチームが３種目合計130点なら、「大」も「綱」も３位で各40点だ（$p＝u＝40$点）。

また、Fチームが３種目合計70点だから、綱引きは最下位で得点が10点になる（$s＝10$点）。

ここまでわかったことを表に書き込むと、

	A	B	C	D	E	F
綱引き	60	50	40	q	r	10
大玉送り	20	t	40	v	10	50
玉入れ	40	30	50	20	60	10

上に記したように、Bチームが「大」で１位になるはずがないとでわかったのだから、tに60点は入らない。つまり、「大」は４位で、$t＝30$だ。

そうすれば、残ったvの値は60になる。「大」の第１位はDチームだ。

正 解	$v=60$

次は問いの(2)だ。q、r、sの値を求めるのだが、すでにsはわかっている。上で行った計算で$s＝10$を導き出した。

さて、問(1)を解いた結果、判明した数値を表に記入すると、こうなるね。

	A	B	C	D	E	F
綱引き	60	50	40	q	r	10
大玉送り	20	30	40	60	10	50
玉入れ	40	30	50	20	60	10
リレー						

残りはqとrだ。ここには30と20が入るのは一目瞭然（ひと目ではっきり見えるさま）だ。これを解くには、(ii)をもう一度確認するといい。

(ii)に「大玉送りが終わったとき，DチームはBチームに対して２種目の合計点で上回っていた」と明記されているよ。

qに20を入れると、Dチームの２種目の合計点がBチームと同じになってしまう。だから、qには30が入ることになり、rには20が入る。

正 解	$q=30$ $r=20$ $s=10$

最後に問い(3)だ。「Aチームはリレーで２位になった結果、単独優勝した」というのだから、それを表に書き込むと、こうなる。

	A	B	C	D	E	F
綱引き	60	50	40	30	20	10
大玉送り	20	30	40	60	10	50
玉入れ	40	30	50	20	60	10
リレー	50	B	C	D	E	F
合 計	170					

この表から以下の式を立てることができるね。

$B＜170－(50＋30＋30)＝60$

$C＜170－(40＋40＋50)＝40$

$D＜170－(30＋60＋20)＝60$

$E＜170－(20＋10＋60)＝80$

$F＜170－(10＋50＋10)＝100$

これらの式からわかるのはこうだ。

◎Bチーム

数学

教育評論家 正尾佐の

高校受験指南書

Tasuku Masao

【百参拾弐の巻】

大学附属・系列校の問題2

「大学附属・系列校の問題」シリーズの２回目は数学にしよう。前回の英語は最難関大学の慶應義塾大の附属校・慶應義塾高だったので、今回は中堅名門大学の専修大の附属校・専修大附属を取り上げる。

同校では、数学は大問が５問出題されるのだが、その最後の第５問を解いてみよう。

A，B，C，D，E，Fの６チームに分かれて，次のように運動会を行う。

① 競技は『綱引き，大玉送り，玉入れ，リレー』の４種目をこの順に行う。

② 各種目１位から６位までを決定する。１位は60点，２位は50点，３位は40点，４位は30点，５位は20点，６位は10点を獲得する。ただし，各種目において同じ順位のチームはないものとする。

③ ４種目の合計点で最も得点の高いチームを優勝とし，同点の場合はそのすべてのチームを優勝とする。

玉入れが終わったときの各チームの得点は次の表のようになった。なお，p ～ v は各チームの各種目の得点を表している。

	A	B	C	D	E	F
綱引き	60	50	p	q	r	s
大玉送り	20	t	u	v	10	50
玉入れ	40	30	50	20	60	10
リレー						

いま，この表は次の(i)～(iii)を満たしている。

(i) Cチームの綱引きと大玉送りの得点は同じである。

(ii) 大玉送りが終わったとき，DチームはBチームに対して２種目の合計点で上回っていた。

(iii) ３種目の合計点が最も高いチームと最も低いチームとの得点の差はちょうど60点であった。

次の各問いに答えなさい。

(1) v の値を求めなさい。

(2) q，r，s の値をそれぞれ求めなさい。

(3) Aチームはリレーで２位になった結果，単独優勝した。リレーの順位として考えられる組合せは全部で何通りあるか。

問題文が長いね。

おまけに未知数が７つ(p ～ v)もある。こういう場合は、急いで一気に読み終えようとせずに、落ち着いて順序通りに１つひとつ式化(式を作ること)していくと、かえって早く解けるものだよ。

表をじっくり見るとわかることがいくつかある。

① 「綱引き」の１位はＡチーム、２位はＢチーム。

② 「大玉送り」は１位、３位、４位がどのチームか不明。

次に(i)～(iii)を確認しよう。

(i) $p=u$、これで未知数が１つ減った。

(ii) $q+v>50+t$ 　ということだね。

(iii) 「３種目の合計点が最も高いチーム」の合計点をＸとし、「最も低いチーム」の合計点をＹとすると、

$X=Y+60$ 　となる。

では、問いの(1)にとりかかろう。といっても、このままでは手がかりがなく、解きようがない。ヒントがたくさんあるようで、意外に少ない。

仕方がないので、(i)～(iii)のうちで、最も手がかりになりそうな(iii)を考えてみることにしよう。

※以下、大玉送りは「大」、綱引きは「綱」と記す。

まず、「３種目の合計点が最も高いチーム」とあるが、それはすぐにはわからない。それぞれのチームの合計点が、最高(最多)になるのはどういう場合だろうか？

Ａチーム→120点

Ｂチーム→「大」で１位になれば、140点($t=60$)。

Ｃチーム→「綱」と「大」で３位になれば、

Wase-Aca Teachers

東大入試突破への現国の習慣

田中コモンの今月の一言!

今を理解するために過去と向き合う「過去問」の意味合いは深いのです

田中《たなか》 利周《としかね》先生

早稲田アカデミー教務企画顧問

東京大学文学部卒。東京大学大学院人文科学研究科修士課程修了。文教委員会委員。現国や日本史などの受験参考書の著作も多数。

グレーゾーンに照準!
今月のオトナの言い回し
「過去問」

「カコモン」という言葉は中学生の皆さんも耳にしたことがあるでしょう。「過去に出題された試験問題」を略して「過去問」と呼んでいるのですが、受験業界ではもちろん入試問題のことを指しています。皆さんにとっては合格を目指している高校の入試問題のことになりますね。入試当日の試験問題を事前に解いたりすることはできないのですから、受験勉強で取り組む入試問題というのは当然全て過去問になります。

さて受験勉強で過去問に取り組む意義というのは何でしょうか? 「過去に出題された」わけですから、これと同じ問題が次年度の入試に出題されることはない、と考えられます。だとするならば、入試には出ない問題を解く意味があるのか? という疑問が浮かび上がりますよね。でも、もちろん重要な意義があります。「入試対策は過去問が全て」と言っても過言ではありませんからね。

一つには「出題の形式を理解するため」です。入学試験は限られた時間に最大限のパフォーマンスを発揮しなければなりませんから。試験時間が何分であるのか、どんな形式の問題が出題されるのか、それを知らないで受験するというのは、何m走るのかを知らないでトラック競技に出場するようなものです。100m走なのか1500m走なのかを知らないで出番を迎える選手はいないでしょう。スタートしてどこかでスパートをかけようと思っているうちに100mが終わってしまう。逆に最初から全力疾走に挑んで1500mを走りきらずに力尽きてしまう。そんなバカなことが、と思うかもしれませんが、現実に「試験時間が60分だと思っていました。実際は50分なのに…」ということがおきています。同じ高校でも国語と数学で試験時間が違うといったことがあるからです。正確な試験時間に基づいて、それぞれの問題にどれくらいの時間をかけるのかを考えておかなくてはなりません。選択肢の問題が多いのか、記述問題が多いのか、設問数は全部でどれくらいなのか。出題形式を考慮して時間配分を考えるのです。50分なら50分という試験時間の間に、何をどれくらいのペースで解くのがよいのか、自分にとってのベストの配分を見つけ出すことが重要です。最大限のパフォーマンスということの意味はこれなのです。

もう一つは「出題の内容を理解するため」です。出題傾向を見極めるのです。学校によって出題される分野に偏りがみられることがあります。どうして偏りが出てしまうのか？ 出題者の気持ちになって考えなくてはなりません。入試問題は学校から受験生に向けてストレートに発信されています。「この問題が解ける生徒は、うちの学校に入学してほしい！」という非常に強いメッセージがこめられていることを理解してください。「この分野に強い受験生、このジャンルに興味のある受験生に、ぜひ入学してほしい！」という出題者の心の叫びが聞こえてくれば一人前ですね。ただし、これを皆さんに求めるのは酷というものでしょう。では、どうするのか。そのためにこそ入試問題分析を専門とする塾講師の存在意義があるのです。一人前というのは、塾講師として、という意味ですからね。毎年毎年、入試問題を解き続けているわれわれです。行き着く先は「入試問題予想」になります。過去問をふまえて、次年度の入試問題を当てにいく。ズバリ的中を目指します。

筆者が塾業界にのめり込んだ原因の一つが、この入試問題予想になります。「出題傾向どおりならば、絶対にこの作者のこの文章が出題されるはずだ！」と思いつき、いてもたってもいられなくなり、受験前の最終授業でその箇所を取り上げて解説を行い、本当にそのまま入試で出題されたことがあります。長年塾講師を務めていますので何度も的中を経験しているのですが、最初に「ズバリ的中」させた体験は強烈で、その後の筆者の人生にも大きな影響を与えました。当時はまだ大学の研究室にも籍を置いていた筆者です。肩書きに「人文科学研究科」とありますよね。それがその名残《なごり》です（笑）。

何を研究していたのかといいますと、人類の歴史や社会の成り立ちについてです。かつての人類が「どんな生活をしていたのか」「どんな体験をしたのか」を考えていました。過去問と同じように、全く同じ状況が今の社会におこることはないのですが、歴史をふまえて考察することで、今の問題への向き合い方が変わってくるのです。「人間とは何で、どうあるべきか」ということについて答えようとすること。これが人文科学の存在意義です。人間そのものが、ものすごいスピードで変化し続けています。そんな状況でも「変わらない傾向」を見据えてこれからの人間観を模索しなくてはなりません。そのためにも人類の歴史＝過去問への取り組みは重要なのですよ。どうですか？ 過去問の意味合いは深いでしょ！

慇・懃・無・礼?!
今月のオトナの四字熟語「傾斜配点」

今回は受験業界の用語特集のようになっていますね。英語・数学・国語の入試の配点がどれも100点であるならば、それは均等配点ということになります。均等＝どれも同じ、ということですね。これに対して、英語200点、数学50点、国語100点といったように、独自の配点で特徴を出す学校もあります。思い切って英語に比重を置いたバランスで、英語の得意な受験生を受け入れたいという学校の判断です。傾斜＝バランスを変えた、ということです。「英語が好きで、数学が苦手な私にぴったりです！ どこの学校ですか？」という声も聞こえてきそうですが、残念ながらこの配点は大学入試のお話です。

さて今回傾斜配点を取り上げたことには最近の時事ネタが背景にあります。先般行われた総選挙です。衆議院は小選挙区比例代表並立制で選挙が実施されます。公民の授業で必ず扱うはずですよ。特に注目されるのが各選挙区で当選者が一人しか出ないという小選挙区制です。皆さんの地元でも誰か必ず一人の代議士が誕生していることになりますよ。

多数決という意思決定の仕組みを皆さんもご存知でしょう。最初に使ったのはいつのことか覚えていますか？ 校庭で友達と一緒に何をして遊ぶのか。いろんな意見が出てまとまらない。はやく遊び始めたいのに時間が過ぎていってしまう。そんな時に一番希望者の多いドッジボールにしようよ！ といって決まった経験はないですか。学校生活ではなじみの考え方ではないでしょうか。

小選挙区制の選挙というのは有権者による多数決で一人の代表を選ぶやり方なのです。ですから極端な話、二人の候補者がいて、片方が51％の得票率、もう片方が49％の得票率で、ほとんど差がないような場合でも、一人でも多くの票を獲得した候補が当選となるのです。落選した候補に投じられた票は「死票」と呼ばれるのですが、小選挙区ではこの死票の数が増えてしまうのです。その弊害を改善するために比例代表制の選挙が同時に行われているのでしたね。得票率に応じて議席を配分しようという発想です。これだと無駄なく有権者の民意を反映させることができます。配分の方法である「ドント方式」も公民の学習で確認しておいてくださいね。

さて傾斜配点についてです。多数決は傾斜配点の考え方に基づいている、というと皆さんは理解できますか？「え？ 科目によって点数が変わることと、何か関係があるのですか？」こういうことです。「1位に100点、2位以下はすべて0点」という極端な傾斜配点によって多数決は行われているのだと。「ちょっと極端なルールだな」という認識ができれば公民の理解も深まりますよ！

45°の角や、30°、60°の角を持つ直角三角形は、角がわかると辺の比がわかることから、三平方の定理に関する問題では頻繁に登場します。これらの三角形の３辺の比は、次のようになります。

特別な三角形(三角定規)

① 45°の角を持つ直角三角形(直角二等辺三角形)

⇔ 辺の比は$1:1:\sqrt{2}$

② 30°、60°の角を持つ直角三角形

⇔ 辺の比は$1:\sqrt{3}:2$

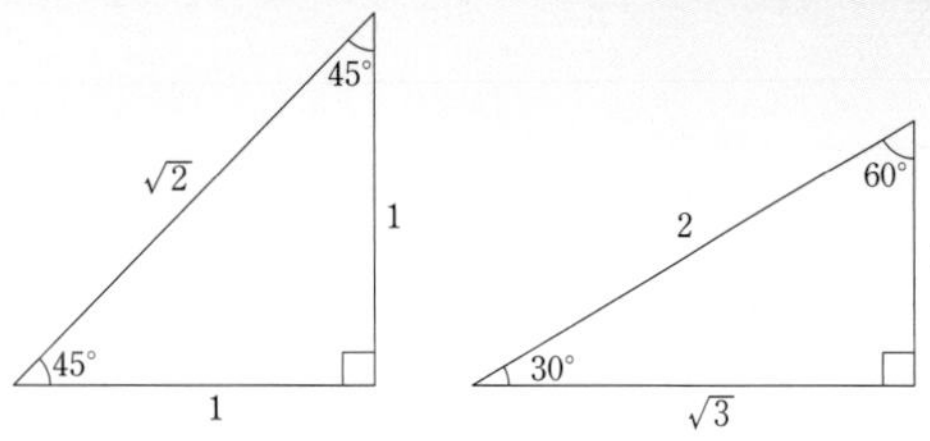

次の問題は、このような特別な角を持つ直角三角形に関する問題です。

問題2

図のように∠B＝30°, ∠C＝45°である△ABCがあり，辺AB上に点P, 辺BC上に2点Q, Rがある。△PBQ, △PQR, △APR, △ARCの面積はすべて等しく$\sqrt{3}+1$であるとき，線分AP，BQの長さを求めよ。

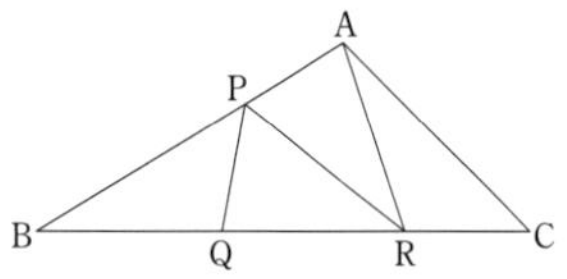

(慶應義塾志木)

<考え方>

問題の三角形には、２種類の三角定規が隠れています。

<解き方>

仮定より、$\triangle ABC=4(\sqrt{3}+1)$ ……①

図のように、頂点Aから辺BCに垂線を引き、交点をHとすると、

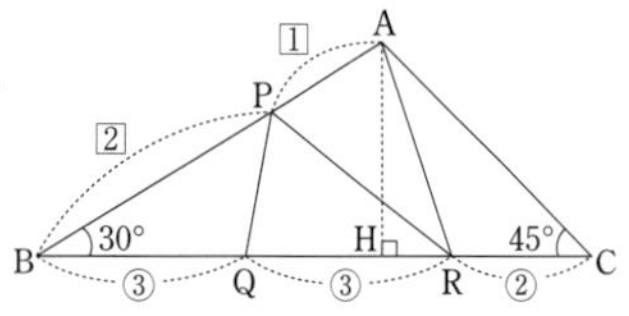

△ABHにおいて、

$AH:BH=1:\sqrt{3}$

△ACHにおいて、$AH:CH=1:1$

よって、$AH=x$とすると、$BC=(\sqrt{3}+1)x$だから、

$\triangle ABC=\frac{1}{2}(\sqrt{3}+1)x^2$ ……②

①、②より、$\frac{1}{2}(\sqrt{3}+1)x^2=4(\sqrt{3}+1)$ ⇒ $x^2=8$

$x>0$より、$x=2\sqrt{2}$

これより、$AB=2AH=4\sqrt{2}$

$AP:PB=\triangle ARP:\triangle PRB=1:2$だから、

$AP=4\sqrt{2}\times\frac{1}{1+2}=\mathbf{\frac{4\sqrt{2}}{3}}$

また、$BC=2\sqrt{2}(\sqrt{3}+1)$で、

$BR:RC=\triangle ABR:\triangle ARC=3:1$、

$BQ:QR=\triangle PBQ:\triangle PQR=1:1$だから、

$BQ=BC\times\frac{3}{4}\times\frac{1}{2}=\frac{3}{8}BC=$

$\frac{3}{8}\times2\sqrt{2}(\sqrt{3}+1)=\mathbf{\frac{3(\sqrt{6}+\sqrt{2})}{4}}$

続いて、円と三平方の定理の融合問題です。

問題3

右の図で，四角形ABCDは，AB＝6cm,BC＝12cmの長方形である。点Pは，辺AD上にある点で，頂点Aに一致しない。頂点Bと点Pを結んだ線分と，辺BCを直径とする半円Oの$\overset{\frown}{BC}$との交点のうち，頂点Bと異なる点をQとし，頂点CとQを結ぶ。

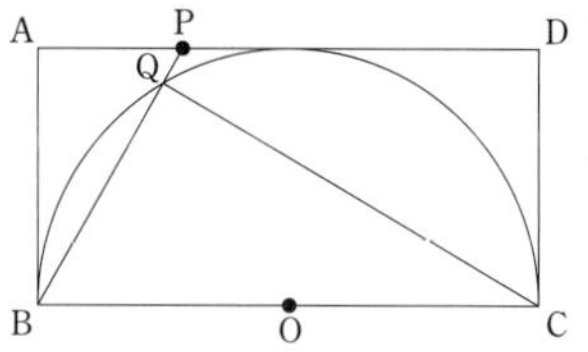

△ABP∽△QCBであることを証明せよ。

(東京都・一部改略)

<考え方>

直径に対する円周角は直角であることに注目します。

<解き方>

△ABPと△QCBにおいて、

長方形の角だから、∠PAB＝90°

直径に対する円周角だから、∠BQC＝90°

よって、∠PAB＝∠BQC ……①

AD//BCより、平行線の錯角は等しいから、

∠APB＝∠QBC ……②

①、②より、２組の角がそれぞれ等しいので、

△ABP∽△QCB

三平方の定理を学習したあとの図形の問題は、線分の長さや面積を求める問題が中心になってきます。その際、今回学習したように、相似や円などと融合した問題も少なくありませんので、さまざまな図形の基本定理を活用できるように練習を重ねることが大切です。また、複雑な計算になる場合も多いため、正確な計算力を養うことも心がけていきましょう。

楽しみmath 数学！DX

さまざまな図形の基本定理を活用できるようにしよう

登木 隆司先生
早稲田アカデミー　第一事業部長
兼 池袋校校長

今月は三平方の定理とその応用を学習します。

三平方の定理とは、右の図のように、直角三角形の斜辺の長さをcとし、その他の辺の長さを

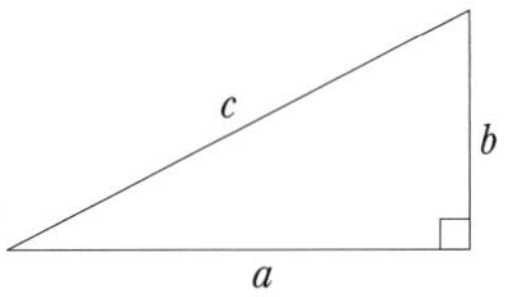

a、bとしたとき、$a^2+b^2=c^2$（斜辺の長さの平方は、他の2辺の長さの平方の和と等しい）
という関係が成り立つことをいいます。この定理によって、辺の長さから図形の面積や体積を求めたり、座標平面上の2点間の距離を求めたりすることができるようになります。

初めは相似と三平方の定理の融合問題について見ていきましょう。

問題1

右の図のような長方形ABCDがあり, AB＝11cm, BC＝8cmである。点Eは辺CD上の点で，CE＝6cmである。

∠ABEの二等分線をひき，辺ADとの交点をFとするとき，線分DFの長さは何cmか。（香川県）

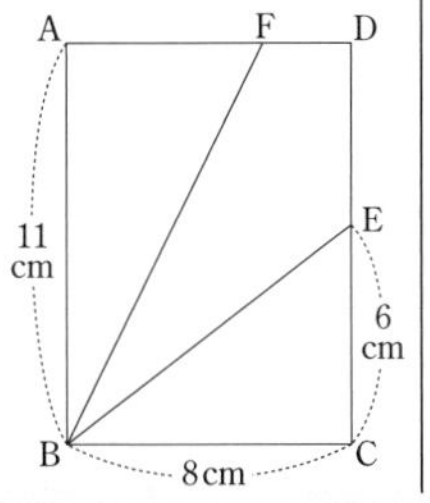

<考え方>
線分BFと辺CDを延長することでできる三角形の性質に注目しましょう。

<解き方>
△BCEにおいて三平方の定理より、
BE＝$\sqrt{BC^2+CE^2}=\sqrt{8^2+6^2}=10$　……①
図のように、BFとCDの延長線の交点をGとすると、
仮定より、∠ABG＝∠EBG
AB//GCより、∠ABG＝∠EGB
よって、∠EBG＝∠EGB
したがってBE＝GE　……②

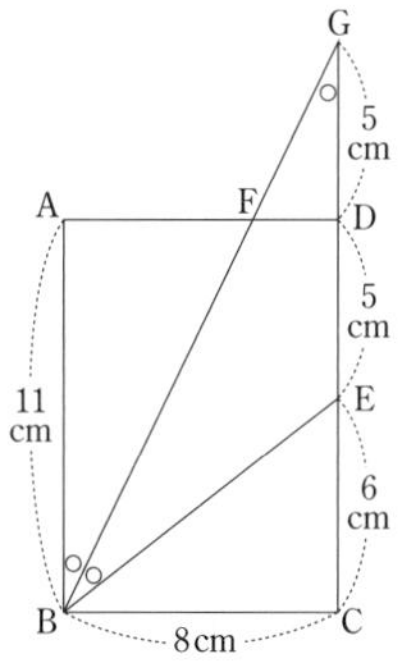

①、②より、GE＝10
よって、GD＝GE－DE＝10－(11－6)＝5
FD//BCより、△GFD∽△GBCだから、FD：BC＝GD：GC
よって、FD＝$8\times\frac{5}{16}=\frac{5}{2}$(cm)

入試説明会（予約不要）

③11月　5日（日）　10:00～
④11月18日（土）　14:00～
⑤11月25日（土）　14:00～

※上履きと筆記用具をご持参ください。
※開始30分前より学校紹介ビデオを流します。
※説明会後、ご希望の方に個別相談も行っています。
※個別相談の整理券は説明会開始前に配布いたします。
※**12月2日（土）** 14：00～、個別相談だけを行います。

平成30年度　入試予定

	推薦入試		一般入試	
募集人員	男女150名		男女270名	
コース	特進コース（30名）	進学コース（120名）	特進コース（50名）	進学コース（220名）
試験日	1月22日（月）		2月10日（土）	
選抜方法	推薦書・調査書・作文・面接		調査書･学科試験（国･数･英） 必要と認められる者のみ診断書 面接（第一志望者）	

錦城高等学校 男女共学

〒187-0001 東京都小平市大沼町5-3-7 TEL 042-341-0741
http://www.kinjo-highschool.ed.jp/

英語で話そう！

川村 宏一先生
早稲田アカデミー　事業開発部
英語研究課 上席専門職

朝がちょっぴり苦手な中学３年生のサマンサは、父（マイケル）と母（ローズ）、弟（ダニエル）との４人家族。

ある朝、サマンサは起きてみると少し熱があり、身体の具合がよくありませんでした。そこで、病院で診察してもらうことにしました。

Dr. Smith　：What happened today?…①
スミス先生：今日はどうしましたか？

Samantha：I *feel chilly and have a little fever from today's morning.
サマンサ　：今日の朝から寒気がして、少し熱があります。

Dr. Smith　：Please open your mouth…. Well, I think you have a light cold. I'll give you medicine.…②
スミス先生：口を開けてください…。どうも、軽い風邪のようですね。お薬を出しておきましょう。

Samantha：How long does it take to get well?…③
サマンサ　：どれくらいでよくなりますか？

Dr. Smith　：Just a few days if you rest enough.
スミス先生：じゅうぶんに休養すれば２、３日ですよ。

*feel chilly 寒気がする

今回学習するフレーズ

解説①　happen	「起こる、生じる」 (ex) Something happened to her. 「彼女になにかが起きた」
解説②　have a cold	「風邪をひく」(風邪をひいている状態を表す) (ex) I have a cold since yesterday. 「私は昨日から風邪をひいている」
解説③　get well	「(状態が）よくなる」 (ex) He will get well soon. 「彼は、すぐによくなるでしょう」

高校生活・大学受験についても知っておこう 数学編

第一志望校での高校生活をより充実させるために、高校生活・大学受験のポイントについてご紹介します。
今回は、高校での数学の学習についてです。

高校数学 Q&A

Q. どちらかというと文系なのですが、数学や理科を勉強しなくてはいけませんか？

A. たとえ文系でも、理数系科目の学習は欠かせません。

小中学生の「理科離れ」が教育界の問題として騒がれて久しくなりますが、その一方で大学入試においては、文系の就職率が低迷していることもあって「文低理高（文系人気の低下、理系人気の向上）」といわれています。国もまた、技術立国として厳しい国際競争に対応するために、先進的な理数教育を実施している学校を「スーパーサイエンスハイスクール（SSH）」に指定し支援するなど、理数系科目の学びを重要視しています。大学入試においても理数系の選択科目数が増加しており、理系をめざす生徒だけではなく、文系の生徒にとっても、理数系科目の負担が重くなっている傾向にあります。

高校数学 Q&A

Q. 高校数学は、大学に進学してから役に立つの？

A. さまざまな専門科目で欠かせない大切な基礎になります。

大学では、自分が希望する専門分野について深く学習、研究していくことになりますが、そのための準備は、じつは高校の学習の段階で始まっています。例えば、高校数学は理系の学生にとって、将来の自分の専門分野になる物理、化学、機械工学、情報科学など、すべての基本になる内容です。モノをつくる、現象を観測して分析する、といったことにおいて、数学は必要不可欠なツールになります。

また、経済学など文系の分野においても、数学の素養は欠かせません。中学数学がスタートとなり、高校数学、さらに未来の専門分野の学びへとつながっていくのです。

早稲田アカデミー大学受験部　名物講師紹介①

数学科　白濱　裕司　大学受験部上席専門職／東大必勝コース担当

東大をはじめとする難関大合格実績を支える、早稲アカ数学のトップ講師。単に正解を出す方法を教えるのではなく、「なぜその答えが出るのか」という原理や仕組みからしっかり教え、考えさせる指導が生徒から大きな支持を得ています。数学の授業を通して、大学受験の先に活きる「思考力」を養います。

早稲田アカデミー大学受験部　名物講師紹介②

化学科　豊嶋　涼　大学受験部志木校講師／必勝５科・埼玉県立難関対策コース担当

大学受験部で化学を指導するとともに、高校受験部においては理科の模試作成や、日曜日の特別講座を担当する早稲アカトップ講師。その豪快な風貌と緻密な授業展開のコントラストで多くの生徒を魅了し続け、理科を得意科目に変えさせています。生徒の得点力アップの即効性は他の追随を許しません。

高校生活、そしてその先に続く輝かしい未来のために――。
早稲田アカデミー大学受験部が「高校進学、その先」を紹介します！

ハイスクールナビ

久津輪　直／
早稲田アカデミー大学受験部
統括責任者

入試問題研究に裏打ちされた授業計画と、徹底的な教材分析に基づく緻密な授業のみならず、第一志望校合格を勝ち取るまでの"プロデュース力"で多くの生徒を現役合格へと導いています。

第一志望校合格の夢に向かって「本気」で努力を続けているみなさん。４月から始まる高校生活を想像すると、学習意欲がますます高まるのではないでしょうか。新しい環境で、新しい友人と始める高校生活……、期待が膨らみますね。高校では、学習の内容も幅も、中学までとは大きく変わります。今回は、高校での数学の学習についてご紹介します。

高校数学の紹介

高校数学は、おもに数学Ⅰ・Ⅱ・Ⅲ・Ａ・Ｂに分かれています。「数学Ⅰ」はほとんどの高校で学習しますが、その他の科目の履修は、各高校のカリキュラムや文系・理系など大学進学のコースによって異なります。

「数学Ⅰ」の数と式・２次関数や、「数学Ａ」のほとんどの単元は中学校の学習の続きとなります。ですから、現在学習している内容の定着度は、高校１年での数学の成績にも大きな影響を及ぼします。

高校の数学は、進度が非常に速いことが特徴です。「ベクトル」や「微分・積分」などのまったく新しい単元が次々に登場し、一気に内容が難しく感じられるようになります。また、もう１つの特徴として、計算の量が格段に増えることがあげられます。「速く、正確に解く」という処理能力が求められるようになることで、論理や解法が頭に入っていても、計算でつまずいてしまって苦手意識を持つ、ということも起こりやすくなります。

中学数学と高校数学の違い

中学数学のイメージ
＝積み上げ・連動型
〈例〉中学校における数式分野

Point
中３のときに集中して受験対策をすることで、中１の単元も十分カバーすることができます。つまり、実質的な受験勉強は"１年分"で済みます。

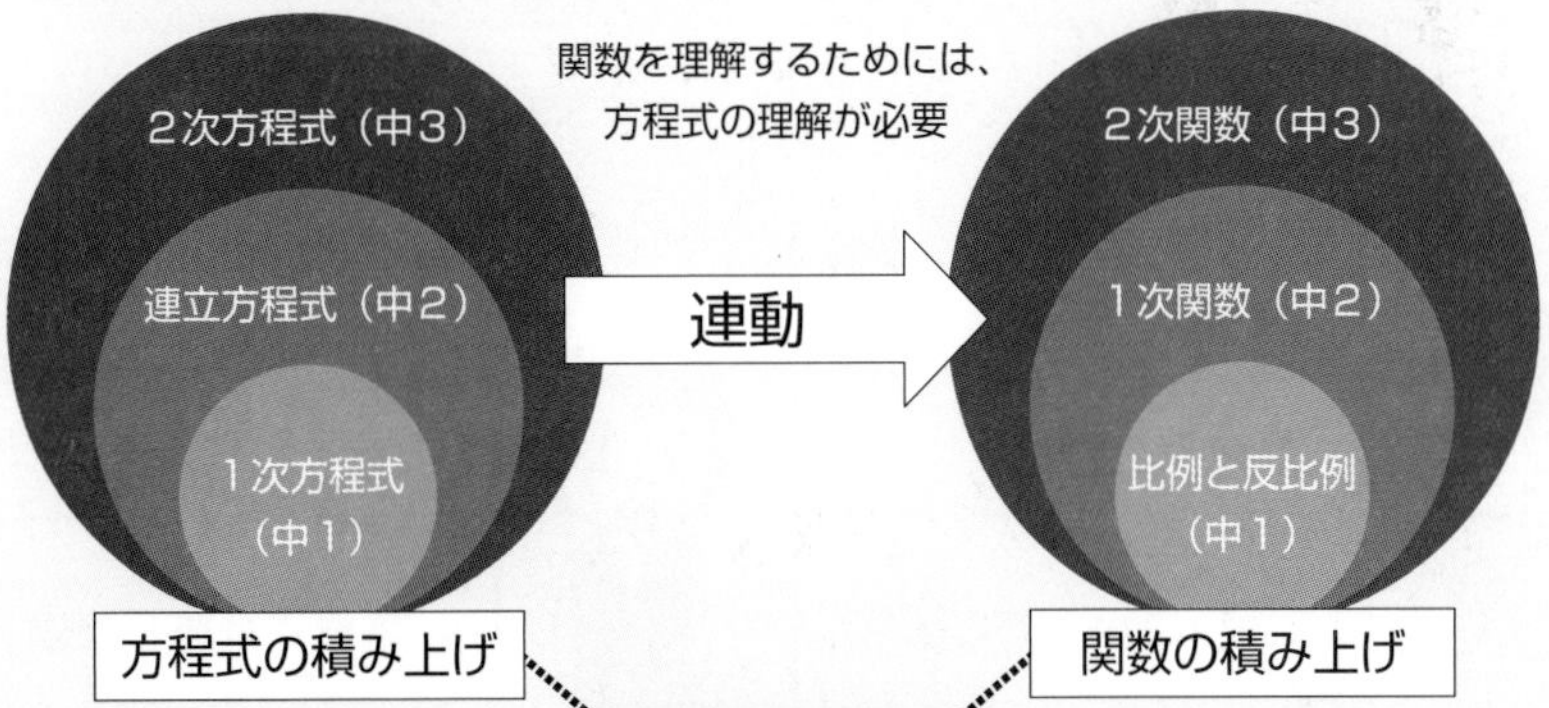

高校数学のイメージ
＝独立型
〈例〉一般的な高校における理系数学の場合

Point
各学年で学ぶ単元が独立していて、高１で学ぶ単元も大学入試に直結しています。センター試験の場合、問題の１／２が高１単元からの出題となります。高３の１年間の受験勉強だけでは、３年分の単元の対策をすることはできません。

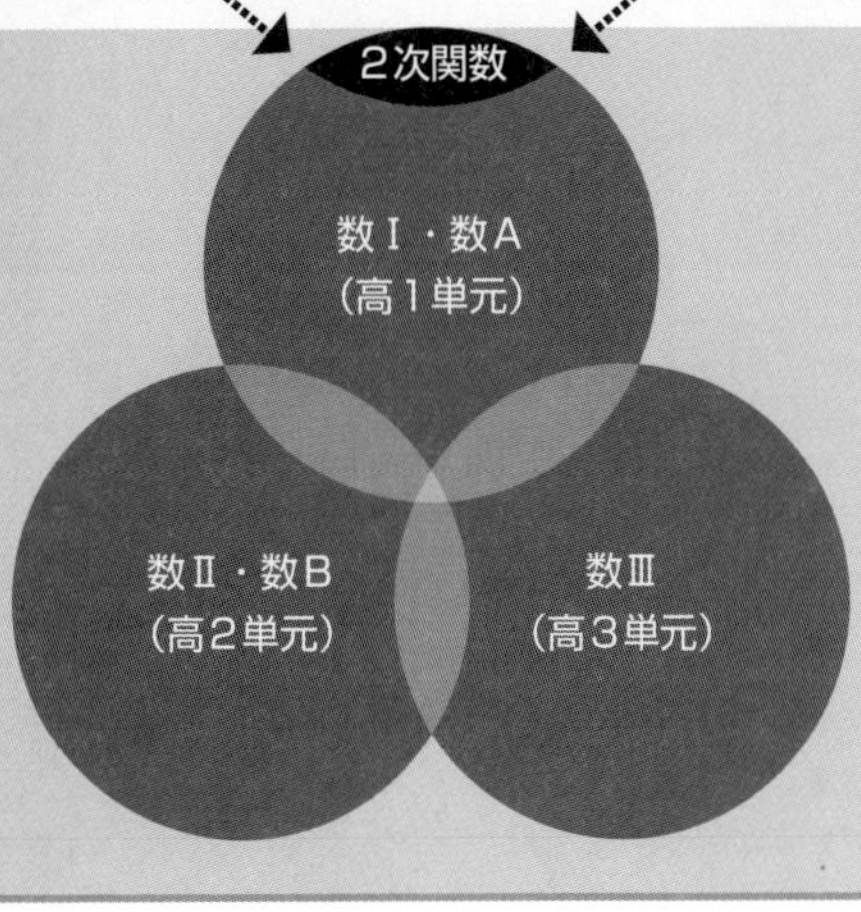

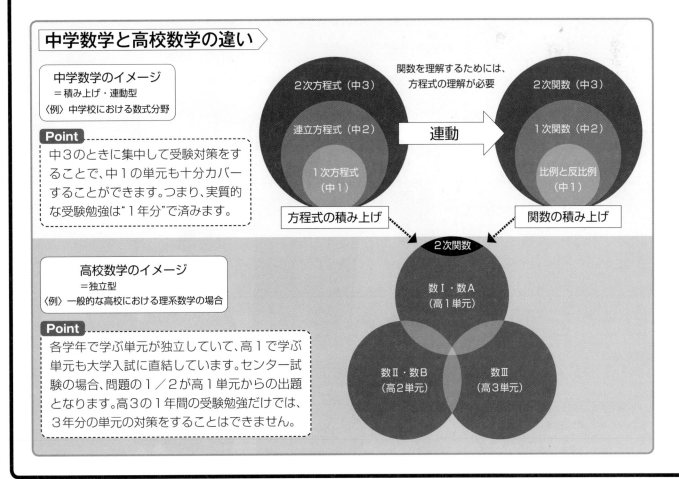

みんなの数学広場

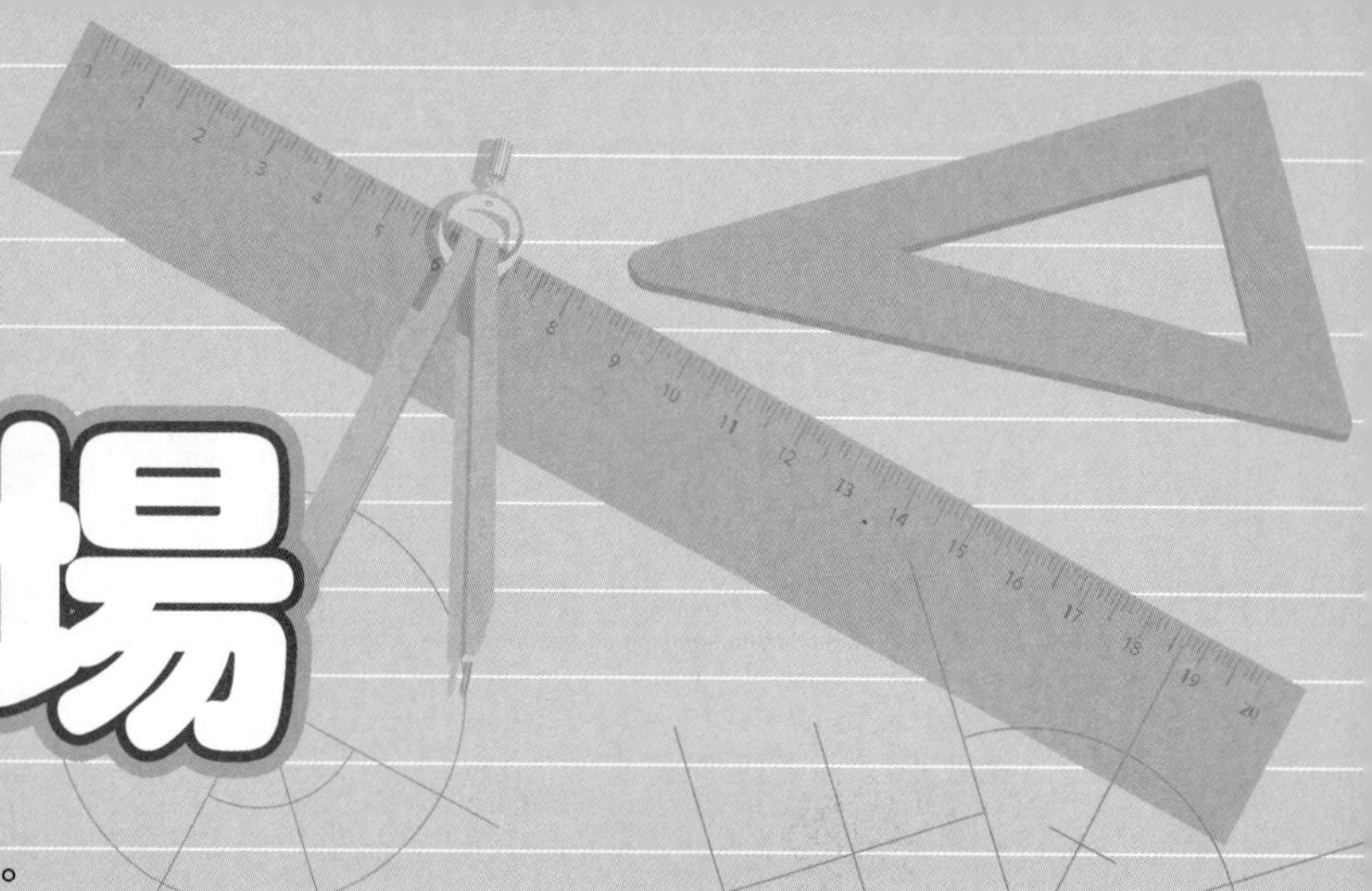

初級～上級までの各問題に生徒たちが答えています。
どの生徒が正しい答えを言っているか当ててみよう。
もちろん、当てずっぽうじゃなく、実際に問題を解いてみてね。

問題編

答えは48ページ

TEXT BY かずはじめ
数学を子どもたちに、楽しく、わかりやすく、使ってもらえるように日夜研究している。好きな言葉は、"笑う門には福来る"。

上級

6÷2（1+2）=？

これはインターネット上で話題になった問題です。
これを数学的に考えて解くと、答えは？

A
答えは…
1
カッコからでしょ？

B
答えは…
5
電卓で計算したよ。

C
答えは…
9
前からだよ。

中級

クラス40人の毎月のおこづかい額が、平均１人5000円だとするとき、
考えられる最も少ないおこづかいの人は、いくらもらっているでしょうか。

A
答えは・・・
125円
5000円で40人だから。

B
答えは・・・
1250円
これより少なかったらヤバイでしょう。

C
答えは・・・
0円
平均だからありえるよね。

初級

これは、いま、はやりつつある“面積迷路”と呼ばれるものです。
さて、？の部分の長さはいくつでしょうか。

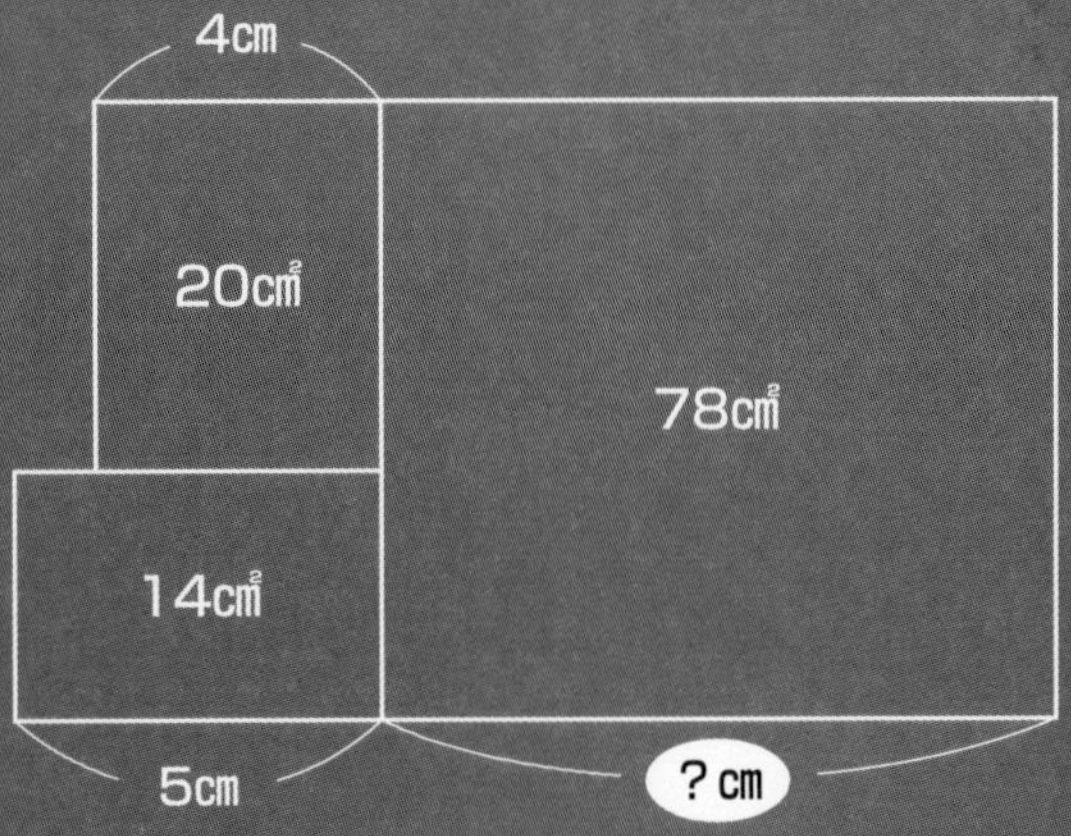

A
答えは・・・
8
どう計算したか忘れちゃった。

B
答えは・・・
9
これで正解のはず。

C
答えは・・・
10
結構自信があります。

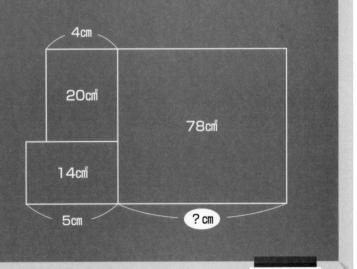

みんなの数学広場 解答編

上級

正解は A

まず、（　　）のなかを先に計算して３。すると６÷２・３になりますね。

これを数学的に解釈すると、数学的にはここで２・３を先に計算して６ですから、結果的に６÷６＝１になります。

これを算数的に考えると、６÷２×３＝９になるのでしょう。

この問題は、そもそも、**数式自体の書き方が間違っている**のです。本来、整数の式で**『（　　）の前の『×』を省略して書くことはしない』**のですから。

A
やったね!!
B
電卓で計算すると９
になるのでは？
C
それは算数的な解き
方だね。

中級

正解は C

40人の毎月のおこづかい額が平均１人5000円だとするとき、この40人ぶんの合計額は5000(円)×40(人)＝200000円です。ここで、例えば40人中、38人の毎月のおこづかいが5000円。そして、残り２人のうち１人が10000円だとすると、この時点で39人の合計額は5000(円)×38(人)＋10000(円)＝200000円。ということは、残りの１人は0円ということになります。

A
それは割っただけだよね。
B
計算間違いかな？
C
やったね!!

初級

正解は C

これは、大きな長方形を作ることで解くことができます。

まず、欠けている長方形は、20㎠の長方形と縦が同じで横が４分の１だから、面積は５㎠。これと接している２つの長方形を足すと５＋20＋14＝39㎠

この２倍が78㎠になるので、

底辺の長さの５㎝：？㎝＝39㎠：78㎠＝１：２。よって、？＝10㎝です。

A
８㎝ってどこから出てきたんだろう。
B
どうして正解だと思ったのかな？
C
やったね!!

先輩に聞け！

大学ナビゲーター

活気あるキャンパスや和気あいあいとした雰囲気のクラスが魅力

明治大学

商学部　1年生

馬塚《まづか》 美希《みき》さん

フィーチャースキル講座で未来に役立つ力を育む

——大学の雰囲気を教えてください。

「いまは明治大の和泉キャンパスに通っています。ここは文系学部の1、2年生が通うキャンパスで、明るい雰囲気の学生が多いため、キャンパス内も活気があふれています。他学部の友だちからは、そのなかでも商学部はとくに元気な人が集まっているねと言われます。」

——どんな講義を受けていますか。

「まず『英語』と第2外国語として選択した『スペイン語』が必修です。スペイン語クラス、ドイツ語クラス、フランス語クラス、中国語クラスなど、選択した第2外国語によってクラスが分かれていて、必修科目はそのクラスで受けています。

これらの語学の講義はペアワークなどをするのでクラスメイトとの仲が深まりますし、1クラスは約40人と、高校のクラスくらいの人数なので、和気あいあいとした雰囲気のなかで楽しく受けています。

そのほかの必修科目には『体育』『経済学』『基礎演習』『文章表現』などがあります。『基礎演習』ではパワーポイントを使ったプレゼンテーションの手法などを学び、『文章表現』では論文やレポートを書くための言葉遣いや構成の仕方などを学んでいます。どちらも大学での学びに必要なスキルを磨ける講義です。」

——必修科目以外はどんなものを履修していますか？

「選択科目は他学部の講義も含めて自由に履修でき、私は『簿記』や、環境問題について学ぶ『自然科学概論』、中学でいう公民のような内容を扱う『社会思想史』などを選択しています。日本史の講義も履修したかったのですが、必修科目の講義と時間が重なっていて受けられませんでした。2年生ではぜひ取りたいと思います。

『フィーチャースキル講座』という特色ある講義も選択科目の1つです。企業から与えられた課題の解決策をグループごとに考えるというもので、データ収集、アンケート調査、現地調査なども行います。そうしたさまざまな活動を通して、フィーチャースキル、いわゆる未来に役立つ力や就職してから役立つ力を身につけることをめざします。

前期では、京王電鉄とりそな銀行からの課題に取り組みました。京王電鉄からの『京王グループができる新しい子育て支援を考える』という

馬塚さんが通う明治大和泉キャンパスの校門付近の様子です

和泉キャンパスの図書館には、このようにグループで学習できるスペースもあります

課題に対しては、『移動販売を充実させる』という結論を出しました。移動販売はすでに京王線沿いの駅で行われているのですが、子育て世代がより使いやすくなるように設備の拡充をするというものです。

この結論にたどり着くまでには、授業の空き時間に移動販売を利用する方々にインビューをしにいったこともあります。色々な質問に対して、想像していた答えとは違う答えが返ってきたのが印象に残っています。私たちはまだ学生なので、親の気持ちがわからない部分があったのだと思います。企業の方も結論に信憑性《しんぴょうせい》が出るので、現地調査はするべきだと話していましたが、現地調査で実際に利用している方の声を聞くことの大切さを改めて実感しました。

りそな銀行の方は『10年後の支店のあり方を想像する』という課題でした。10年後をイメージして考えるのが難しかったですね。」

——今後の目標を教えてください。

「大学で英語やスペイン語を学ぶなかで、語学の重要性を身をもって感じているので、今後は語学の勉強をもっと頑張っていきたいです。

また、2年生からはゼミに所属し、3年生からはコースに分かれるので、自分はどの分野を詳しく学びたいのかについても考えていきたいです。」

バレーボール&テニス

テニスのサークルに入っています。テニスは初心者ですが、サークルの新入生歓迎会に参加したときにそこで新しい友だちができ、サークル自体も楽しそうだったので入部を決めました。自由な雰囲気のサークルで、テニスをするだけではなく、バーベキューなどのイベントもよく開催していて、夏合宿では花火もしました。もう1つ、中高時代から続けているバレーボールのサークルにも入っています。こちらも自由な雰囲気なので、バレーボールがしたくなったら参加しています。

歴史を勉強するための手作り年表

歴史の勉強のために、学校の教科書や塾のテキストを参考にしながら、重要事項を年代とともにノートに書き出して、年表をイチから自分で作りました。時代の流れを理解していない状態で勉強を進めるのは効率が悪い気がしたので、まずは一度時間をかけて、流れをしっかり把握しようと思ったんです。そして、過去問などを解いて新たに知った知識を年表に書き込んでいきました。このように、「それを見返せばなんでも書いてある」という便利なノートを作っておいたおかげで、効率よく勉強を進めることができました。

大学受験の日本史は高校受験よりもさらに細かい知識まで問われますが、同じように年表を作って覚えていきました。中高で作った年表ノートはいまでも記念にとってあります。また、地理や公民も歴史ほど詳しいものではなかったのですが、それぞれまとめノートを作っていました。

5分でもいいので毎日勉強する習慣を

中高とも運動部だったので、部活動を終えて家に帰ると、疲れてほとんど勉強できませんでした。中学時代はそれでもなんとか挽回できましたが、高校になるとそうもいかず…。大学受験は基礎から学び直すことになって本当に大変でした。

そうした経験をふまえてみなさんに伝えたいのは、できるだけ毎日勉強する時間をとってほしいということです。勉強といっても「机に座って問題集を解く」というようなかしこまった形でなくていいし、どうしても疲れているときはたった5分単語帳を見るだけでもかまわないと思います。そうした積み重ねが後々きっと大きな力になるはずなので、ぜひ試してみてください。

Bungou Retsuden

古今文豪列伝

第37回

松本《まつもと》 清張《せいちょう》

Seicho Matsumoto

松本清張は１９０９年（明治42年）12月、現在の福岡県北九州市で生まれたんだ。姉2人が夭逝《ようせつ》していて、事実上一人っ子だった清張は両親から溺愛《できあい》されて育ったらしい。8歳まで山口県下関市で暮らしたのち、現北九州市の小倉に移り、尋常高等小学校を卒業、電気会社に就職したんだ。読書が好きだったけど、本を買う余裕がなく、貸本屋から借りたり、本屋で立ち読みしたりしたという。

思春期になると、日曜日ごとに図書館に通い、文学全集を手当たり次第に読みまくった。その後、印刷会社に勤め、１９３７年（昭和12年）、朝日新聞西部支社で印刷工として働き始めたんだ。2年後には広告部に移り、１９４３年（昭和18年）、正社員となった。同年、陸軍に入隊。衛生兵として北九州や朝鮮で勤務した。

戦後、朝日新聞に復職したけど、１９５０年（昭和25年）、仕事の合間に書いた「西郷札《さいごうさつ》」が『週刊朝日』の「百万人の小説」の3等に入選、直木賞候補にもなったんだ。これがデビュー作だ。

2年後、『三田文学』に「或《あ》る『小倉《こくら》日記』伝」を発表すると、またもや直木賞候補となったけど、芥川賞選考委員会に回され、そのまま芥川賞を受賞してしまったんだ。

翌年、東京勤務となり、１９５５年（昭和30年）、初の推理小説「張込み」を発表、翌年に朝日新聞を退社して作家生活に入り、１９５７年（昭和32年）には短編集『顔』が日本探偵作家クラブ賞を受賞、雑誌『旅』に『点と線』の連載を始め、翌年、刊行されるとベストセラーとなった。以後、清張ブームが到来し、『ゼロの焦点』『黒い画集』『歪んだ複写』などを次々と発表、推理小説の寵児《ちょうじ》となる。その後は『小説帝銀事件』『日本の黒い霧』などの社会派小説も手がけ、『わるいやつら』『砂の器』なども発表する。

直木賞の選考委員となり、日本推理作家協会理事長に就任、１９６４年（昭和39年）からは『週刊文春』に『昭和史発掘』を連載、この連載は１９７０年（昭和45年）に菊池寛賞を受賞、その他にも多くの賞を受賞している。推理小説、歴史小説、社会派小説を世に出し続けた作家といえるね。

１９９２年（平成4年）8月、肝臓がんで死去、82歳だった。

今月の名作

松本清張

『点と線』

『点と線』
520円＋税
新潮文庫

料亭「小雪」の女性従業員2人は東京駅で、同僚のお時と男性が特急に乗り込むのを目撃する。数日後、お時と男性は福岡県で死体となって発見され、心中と思われた。不信を抱いた刑事が執念で犯人を追いつめるが、その人物には完璧なアリバイがあった。

あれも日本語 これも日本語

NIHONGO COLUMN NO.94

「雪」の入った慣用句

今回は「雪」の入った慣用句について見てみよう。

「雪に白鷺《しらさぎ》」。雪のなかに真っ白なシラサギがいても見つけにくいよね。そこから、見分けがつかないこと、あるいはめだたないことをいうんだ。「みんな同じ服を着ていると、だれがだれだかわからない。雪に白鷺だ」なんてね。「闇夜の烏《からす》」も似た意味だよ。

「雪と墨」。雪は白く、墨は真っ黒。あまりに差があるたとえだ。「A君は学年トップ、B君の成績は低迷。雪と墨だね」とかね。「月とスッポン」も同じ意味だ。

「雪を欺く」は雪とみまがうばかりに真っ白という意味だ。「彼女の肌は雪を欺くほどの白さだ」とかね。

「雪隠《せっちん》で饅頭《まんじゅう》」。雪隠とはトイレのこと。そんなところで饅頭を食べてもおいしくないけど、お腹が減っているときは仕方がない、空腹を満たすには場所を問わないということだ。また、だれにも見られずいい思いをする、という意味で使われることもある。

「雪崩《なだれ》を打つ」は雪崩のように多くの人が一気に移動することだ。「人気歌手のコンサートにファンが雪崩を打って会場に押しかけた」とかね。似ている言葉に「雪崩現象」がある。これは同じようなことが次から次へと起こることだ。

「螢雪《けいせつ》の功《こう》」。昔は電気がなかったし、ろうそくも貴重品だったから、夜は暗くて本も読めなかった。そこで、雪明りやホタルの光を集めて勉強するほど努力した結果、いい成績がとれるようになったという意味だ。「彼は螢雪の功成《な》って、めでたく難関大に合格した」というふうに使う。中国の古典から出た言葉で、卒業式なんかで唄う「螢の光」の出だし、「螢の光窓の雪」はここからきたんだ。でも、実際にはホタルの光や窓の雪では暗すぎて、本を読むことはできないよね。

「柳に雪折れなし」。固い木は雪の重みで折れたりするけど、ヤナギのようにしなやかな木は、雪が積もっても折れたりしないということから、柔らかでしなやかなものは、固いものより丈夫で、よく耐えるという意味だ。そこから、柔軟なものは剛直なものより、耐久性があるという意味でも使われる。

ミステリーハンターQの

歴男歴女養成講座

山本 勇

中学3年生。幼稚園のころにテレビの大河ドラマを見て、歴史にはまる。将来は大河ドラマに出たいと思っている。あこがれは織田信長。最近のマイブームは仏像鑑賞。好きな芸能人はみうらじゅん。

春日 静

中学1年生。カバンのなかにはつねに、読みかけの歴史小説が入っている根っからの歴女。あこがれは坂本龍馬。特技は年号の暗記のための語呂合わせを作ること。好きな芸能人は福山雅治。

ミステリーハンターQ（略してMQ）

米テキサス州出身。某有名エジプト学者の弟子。1980年代より気鋭の考古学者として注目されつつあるが本名はだれも知らない。日本の歴史について探る画期的な著書『歴史を掘る』の発刊準備を進めている。

武家諸法度

今回のテーマは、江戸時代に発布された武家諸法度だ。武家を統制するために作られた、その内容も重要だよ。

勇 徳川幕府ができてしばらくすると、武家諸法度《ぶけしょはっと》が発せられたんだね。

MQ 法度とは禁止事項という意味だ。1615年（慶長20年、元和元年）5月の大坂夏の陣で、徳川氏が豊臣氏を滅ぼし、幕府体制を盤石《ばんじゃく》にしたんだけど、さらに諸大名を統制するために、2カ月後の7月に武家諸法度を発したんだ。

静 徳川家康が起草したの？

MQ 金地院崇伝《こんちいんすうでん》といって、家康の政治顧問的な存在だった臨済宗の僧が13カ条の決まりを作ったんだ。

勇 どういう内容だったの？

MQ 徳川家康が諸大名を、現在の京都市の伏見城に集めて発布したんだけど、勝手に城の改修をやってはいけないなどと、細かく規定されている。

静 ほかにはどんな規定があったの？

MQ 新しく城を築くことも禁止された。大名の婚姻の許可制、徒党を組むことなども禁止された。

勇 どうして婚姻まで許可制にしたの？

MQ 有力な大名同士が婚姻を通じて親戚になって親しくなり、連合して幕府に反旗を翻《ひるがえ》すことがないように、ということだ。城を作ることや、徒党を組むことを禁止したのも同じ理由だね。こうした内容から、江戸時代は反乱もなく、平和が続いたと評価する向きもある。

静 参勤交代も武家諸法度で決められたの？

MQ 1635年（寛永12年）、3代将軍、家光のときに、19カ条に整理され、新たに参勤交代を制度化したんだ。それまでも参勤した大名はいたけど、このときに正式に制度化されたんだ。

勇 どういう制度？

MQ 大名は原則として一定期間、江戸に滞在しなくてはならないという制度で、妻子は江戸在住が義務づけられたんだ。1663年（寛文3年）の4代家綱のときにはキリスト教の禁止や不孝者処罰などもつけ加えられた。

静 将軍が代わるたびに整備されたのね。

MQ 幕末になると、諸外国と緊張状態になったこともあって、参勤交代が廃止されたり、大名の妻子を国元に帰したり、大型船を建造することが認められたりと、有名無実化していくんだ。幕府としては大名を統制することよりも、力をつけさせて、諸外国と対抗することの方が大事だと考えるようになったんだね。

2018年4月
新類型新設
知的好奇心を満たす

学校説明会・個別相談

①校舎・施設見学　②全体会開始

1月18日〔土〕　①14:00　②14:30
11月25日〔土〕　①14:00　②14:30

※個別相談は全体会（約1時間）終了後、希望制で行います。　※事前の予約は必要ありません。

体験入学・個別相談（要予約）

①校舎・施設見学　②全体会開始

1月19日〔日〕　①14:00　②14:30
1月26日〔日〕　①14:00　②14:30
2月 2 日〔土〕　①14:00　②14:30
12月 3 日〔日〕　①14:00　②14:30
12月 9 日〔土〕　①14:00　②14:30

※予約は、希望日と類型を電話にてお申し込み下さい。TEL03-3988-5511（平日9時〜17時）
または、学校説明会当日の全体会終了後に予約できます。
※個別相談は全体会（約2時間）終了後、希望制で行います。

今春の大学合格実績

国公立大学・大学校	17	北海道大3・東北大・東京学芸大・筑波大・首都大学東京4他
早慶上理	10	早稲田大4・上智大2・東京理科大4
GMARCH	87	学習院大9・明治大12・青山学院大7・立教大9・中央大16・法政大34
戊・成・明学・武・獨・國	69	成城大13・成蹊大13・明治学院大7・武蔵大11・獨協大5・國學院大20
日東駒専	158	日本大41・東洋大74・駒澤大29・専修大14

New スーパー特進類型

2018年4月新設の、難関国立大学などへの現役合格を目指す類型です。1クラス30人の少数精鋭で授業を展開します。6教科8科目の受験に備えるために、1年次から3年次までの3年間、7時間授業日が設定されています。難易度の高い学習内容の理解を深めながら、授業を効率的に進めていきます。1年次から自分が将来進みたい学部や学科を意識させながら、学習へのモチベーションを高めていきます。2年次から、文系・理系の選択を行います。3年次の後半は、現役での大学合格を実現できるように、演習や実践的な学習を積み重ねていきます。

特別進学類型

国公立大学や早慶上理などの最難関私立大学への現役合格を目指す類型です。1年次から3年次までの3年間、国公立大の6教科8科目の受験に対応するため、7時間授業日を設定しています。1年次は、生徒一人ひとりの個性や適性を見極め、将来どんな職業に就きたいのかをイメージさせていきます。その上で、学部や学科の選択ができるような指導を徹底して行います。2年次は、文系・理系別のクラス編成を行うとともに、目標とする志望大学を選択させ、受験へのモチベーションを高めていきます。3年次前半で教科書を終了させます。それ以降は、科目選択を行うと同時に、現役合格を目指して基礎固めと、実践力を身につけながら受験本番に備えます。

◆

▍主な進学先▍ 北海道・東北・筑波・東京学芸・埼玉・首都大学東京・早稲田・上智など

現役合格率 97.5%　大学進学率 93.7%

選抜進学類型

ＧＭＡＲＣＨなど難関私立大学への現役合格を目指す類型です。1年次と2年次は、7時間授業日が設定されています。主要科目を中心に、体系的で効果的な学習により、基礎基本を徹底的に身につけながら、学力を高めていきます。2年次から、文系・理系に分かれます。夏休みや冬休みの長期休暇中は、「集中授業」や「特別講座」などを行い、論理的に物事を組み立てられる能力や思考力を養い、志望大学や学部に現役で合格のできる学力を育んでいきます。3年次の前半までに教科書を終了させます。その後は応用問題などに徹底的に取り組みながら、志望する難関私立大学合格を目指します。

◆

▍主な進学先▍ 明治・中央・法政・青山学院・学習院・武蔵・成城・獨協・國學院・日本など

現役合格率 93.3%　大学進学率 90.0%

普通進学類型

学校行事・生徒会・部活動などに積極的に参加しながら現役合格を目指す生徒をしっかりと支えるカリキュラムが設定されている類型です。1年次は、国数英を中心に、学んだことが定着しているかを丁寧に確認しながら授業を進めていきます。2年次は文系・理系別に授業を展開します。また、系統別に区分されたカリキュラムを踏まえながら、自分が将来なりたい職業をイメージさせ、そのためには、どの大学やどの学部・学科が最適なのかを選択させるなどの進路指導を実施します。3年次は夏休みや冬休みの長期休暇を利用して演習講座が行われます。講座を通して、得意科目のさらなる飛躍、苦手な科目や課題の克服などに集中して取り組みながら、大学受験に対応できる実力をバランスよく身につけ、現役合格を目指します。

◆

▍主な進学先▍ 明治・青山学院・法政・武蔵・成城・成蹊・明治学院・國學院・日本など

大学進学希望者の現役合格率 93.6%　大学進学率 89.9%

TOSHIMA GAKUIN

学校法人 豊昭学園

豊島学院高等学校

併設/東京交通短期大学・昭和鉄道高等学校

New スーパー特進類型　特別進学類型　選抜進学類型　普通進学類型

〒170-0011 東京都豊島区池袋本町2-10-1　TEL.03-3988-5511（代表）
最寄駅：池袋／JR・西武池袋線・丸ノ内線・有楽町線 徒歩15分 副都心線 C6出口 徒歩12分
北池袋／東武東上線 徒歩7分　板橋区役所前／都営三田線 徒歩15分
http://www.hosho.ac.jp/toshima.htm

大野 敏明 ジャーナリスト（大学講師・元産経新聞編集長）

サクニュー！ ニュースを入手しろ！

Success News

▲PHOTO 韓国・ソウルで開かれた式典で公開された平昌オリンピックのメダル（2017年9月21日韓国・ソウル）写真：AFP＝時事

▼今月のキーワード

平昌《ピョンチャン》オリンピック

第23回冬季オリンピックが来年2月9日から、17日間の日程で、お隣りの韓国江原道平昌を主要会場として開催されます。

今回の大会の開催都市については、平昌、ドイツのミュンヘン、フランスのアヌシーが立候補しましたが、2011年（平成23年）のIOC（国際オリンピック委員会）の投票で平昌に決まりました。

平昌は人口6000人あまりの小さな農村で、オリンピックのような国際的な大会が、このような小さな村を主要会場として開催されるのはきわめて異例です。

アジアでの開催は1972年（昭和47年）の第11回札幌大会、1998年（平成10年）の第18回長野大会に次いで3回目です。

冬季オリンピックは1924年（大正15年）、フランスのシャモニーで第1回大会が開催されました。以後、夏季オリンピックと同じ年に開催されてきましたが、第17回のノルウェーのリレハンメル大会から夏季大会の中間の年に開催されるようになりました。

第1回大会では参加国は16カ国、競技種目も16競技でしたが、平昌大会では90カ国前後が参加、競技種目もアルペンスキー団体、スノーボードビッグエア、スピードスケートマススタート、カーリングの男女混合といった種目が新たに採用されるなど、102種目と大幅に増えています。

日本はほとんどの種目に選手をエントリーしています。前回のロシア・ソチ大会では金メダル1個、銀メダル4個、銅メダル3個の成績だったことから、前回を上回るメダルを獲得したい考えで、年内に正式な目標を発表することにしています。

しかし、問題もあります。1つは北朝鮮の動向です。北朝鮮は弾道ミサイルの発射や核実験を行って、国際社会に対する挑発を繰り返しており、オリンピックという国際的な行事にどのような行動に出るか予想できません。

韓国の文在寅《ムンジェイン》大統領は北朝鮮に対して、オリンピックへの参加を呼びかけていますが、これまでのところ、なんの反応もありません。

もう1つは韓国国内での盛りあがりに欠けていることです。韓国は景気の低迷や政治の混乱が続いていることから、国民の関心がオリンピックに向かっていないようなのです。あと数カ月、どう盛りあげていくかが課題で、韓国政府も対策を考えています。

平昌の次の2022年の大会は中国の北京で開催されることが決まっています。

謎の人望、すさまじい身のこなし…。「ばあちゃん」はいったい何者?

今月の1冊

『ひかりの魔女』

著／山本甲士
価格／667円＋税
刊行／双葉社

主人公の真崎光一は、大学受験に失敗した浪人生。予備校には通わず、自宅で勉強するいわゆる「宅浪」生活を送っている。しかし、あまり勉強には身が入らないまま、5月のゴールデンウィークが過ぎてしまっていた。

そんなある日、わけあって、真崎家は父方の祖母・ひかりを引き取ることになった。

これまであまり会うこともなかった「ばあちゃん」といっしょに暮らすことになった光一は、日中は家にいるため、ひかりと長い時間を過ごすことに。そして、家のなかや外出先で、さまざまな驚きを体験する。

まずは、謎の人望だ。昔はこの土地で暮らしていたひかりは、当時、書道教室を営んでおり、その教え子たちのうち、6人とはまだ年賀状のやり取りがあるという。その6人を訪ねていくのだが、彼ら、彼女らの、ひかりへの慕いっぷりがすごい。姿を見るやいなや「先生！」といい年をした大人が飛んできて、あいさつや抱擁をする。さらに、「自分こそが一番先生にかわいがられていた」と自慢する。

その光景は、光一からすれば「じつはばあちゃんは、宗教団体かなにかの教祖なのか？」と、怪しまずにはいられないほどだ。

次に、ひかりの身のこなし。80歳を超えているものの、健康体には間違いないのだが、光一と歩いていたときに、突然目の前に車が飛び出してきた際の身のこなしが尋常ではなく、光一は「いまのは自分の見間違いだろう」と思い込まざるをえなかった。

いったい、「ばあちゃん」は何者なのか。真崎家自体にいくつもの問題が降りかかってきたタイミングと同時だったため、光一は余計に混乱しながらも、ひかりと行動をともにしながら、その正体に迫っていく…。

といっても、ミステリーというわけではないのでご安心を。「ばあちゃん」がどんな人なのかがわかっていく過程で、読者自身が日々どう過ごしているかも思わず省みてしまうような、そんな不思議な一冊なので、ぜひ、勉強の合間にでも読んでみてほしい。

サクセスシネマ

SUCCESS CINEMA vol.94

クリスマスに見たい映画

あなたが寝てる間に…

1995年／アメリカ
監督:ジョン・タートルトーブ

『あなたが寝てる間に…』
DVD価格:1429円+税
発売元:ウォルト・ディズニー・ジャパン

嘘から出た真のラブストーリー

クリスマスの出来事が愛の奇跡をもたらすクリスマスにぴったりの映画。

ルーシーは駅の切符係。クリスマスの朝、男性が線路に落ちるのを目撃します。彼女の機転で、彼は電車にはひかれませんでしたが、意識を失ったまま病院へ。じつはこの男性・ピーターは、ルーシーがひそかに憧れていた人物でした。彼を心配するルーシーは病院を訪れ、彼の家族に会います。家族はある勘違いからルーシーをピーターの婚約者だと思い込んでしまいます。

１つの勘違いがいくつもの嘘を呼び、まさにタイトルの通り、ピーターが「寝てる間に」、あれよあれよと物事が進んでいきます。嘘をつくのはいけないことですが、両親をすでに亡くした孤独なルーシーが、家族の愛を手放せない気持ちもよくわかります。ルーシーとピーターの家族、どちらも気持ちの優しい人たちなので、その交流を見ていると心が温かくなります。また、クライマックスに訪れるルーシーへの少し遅いクリスマスプレゼントに、みなさんもハッピーな気分になれるでしょう。

アーサー・クリスマスの大冒険

2011年／アメリカ
監督:サラ・スミス

『アーサー・クリスマスの大冒険』
発売中　Blu-ray　2,381円＋税
発売・販売元:ソニー・ピクチャーズエンタテインメント

サンタは実在する！

サンタクロースは実在して、世界中の子どもたちにプレゼントを配ってくれる、そんな夢のあるお話です。

アーサーは、サンタクロース一家の次男坊。子どもたちからサンタへ届く手紙に返事を書く係です。一方、アーサーの兄、スティーヴはハイテク技術を駆使し、世界中の子どもたちにプレゼントを送り届けるシステムを開発。次のサンタクロースとして期待を集めています。

一家が「今年のクリスマスも無事に終わった」と安堵したのも束の間、ある女の子にプレゼントを届け忘れたことが判明！　サンタクロース一家はどう対応するのでしょうか。

この映画では、妖精たちがサンタのお手伝いをしています。彼らのスピーディでスタイリッシュなプレゼント配送シーンは心踊ります。これが現実だったら、なんて素敵だろうと思わずにはいられません。スティーヴのハイテク技術を目の敵にする先代のおじいサンタやプレゼントのラッピングに情熱を注ぐ妖精の登場など、随所に笑いもちりばめられたワクワクするクリスマス映画です。

ジングル・オール・ザ・ウェイ

1996年／アメリカ
監督:ブライアン・レバント

『ジングル・オール・ザ・ウェイ』
ブルーレイ発売中　1,905円＋税
20世紀フォックス ホーム エンターテイメント ジャパン

プレゼント探しに奔走

みなさんは今年のクリスマス、どんなプレゼントがほしいですか？　本作はクリスマスにまつわるプレゼント商戦と、それぞれの家庭にありがちなファミリートラブルを描いたコメディ映画です。

仕事を理由に、いつも家族行事をおろそかにしていたハワード。行くと約束した息子、ジェイミーの空手教室の見学にも遅刻し、いよいよジェイミーからの信頼を失ってしまったようです。しかし、クリスマスにジェイミーリクエストの「ターボマン人形」をプレゼントすると約束したことで、なんとか息子の機嫌をとります。ただ、その人形は大人気でどこのおもちゃ屋でも売り切れ。ハワードはターボマン人形探しに翻弄《ほんろう》されることになるのでした。

ターボマン人形ほしさに、思わず姑息《こそく》な手段に出てしまいそうになるなど、プレゼント探しに振り回されるハワードの姿がおもしろおかしく描かれています。アクションシーンあり感動シーンあり。ジェイミーにとって一生忘れらない[sic]クリスマスを、みなさんもいっしょに味わってみてはいかがでしょう。

なんとなく

得した気分になる話

先生　生徒

身の回りにある、
知っていると勉強の役に立つかも
しれない知識をお届け!!

意外？　なギョウザの歴史

噂によると、キミは…。

なに？　急に。ぼくはなにもしてないよ！

まだなにも話していないのに（笑）。

そうだけど、いきなりそんなふうに言われると、なにか悪いことをした気分だよ。

確かにそうだね。ゴメンゴメン。

それで、噂って？

ギョウザに詳しいそうだね。

えっ？　どうして知ってるの？

この前の父母面談のときに、お母さんがおっしゃってたんだよ。

どうしてそんな話に。恥ずかしいなあ…。

このあたりでおいしいギョウザのお店を教えてもらおうと思ってね。

おいしいというのは難しいよ。だって、味の感じ方は人によって違うから。

キミ、すごいまともなことを言うね。びっくりしたよ。じゃあ、キミのオススメの店を教えてくれる？

どんなギョウザがお好みなの？

焼きギョウザかな。

えっ！　いま、なんとおっしゃいましたか？

や・き・ぎょ・う・ざ！

先生ともあろうお方が、位の低い人が食べるものを召しあがるとは。

位の低い人？　すごい言い方だな（笑）。私は別に偉くはないし、いったい、焼きギョウザのなにがいけないんだい？

昔の中国では、王様は蒸しギョウザを召しあがっておられました。王様の食べ残したギョウザを、臣下のものたちが温めて食べるために生まれたのが焼きギョウザなのでございます。

言い方までおかしくなっちゃって（笑）。キミ、いつものようにしゃべってくれよ。なんだか急に丁寧になって気持ち悪いよ。

先生、なにをおっしゃっているんですか！　ギョウザにはそれぐらい長い歴史があるんですよ。

おいおい、そんなおおげさな。おいしければ、それでいいじゃないか。

まあそうなんだけど（笑）。それがギョウザの歴史ってことなんだよ。

やっと元に戻ってくれたね。でも知らなかったなあ。ギョウザの世界では焼きギョウザがそんな立場なんて。じゃあ、キミは焼きギョウザを食べないの？

いや、じつは食べるんだけどね。

なんだ。じゃあそんなにムキにならなくても…。いつもはどんなギョウザを食べているんだい？

蒸したりするのが好きだけど、もっぱら水ギョウザだね。

水ギョウザもおいしいね。私なら20個は食べられるな。

そういえば、地域によってギョウザの大きさには結構差があるって知ってる？

少しは知っている。関西は小さくて、焼き目もパリパリしているよね。

おいしいんだよ。でも、焼きギョウザなんだよ。

そんなに気にしなくても（笑）。大体、いつの話なんだい。すごく昔でしょ？　きっと、いまは中国でも普通に焼きギョウザを食べると思うけど。そういうわけで、どこのお店がおいしいか教えてよ。

わかりました。ズバリ、うち！

キミの家はギョウザ屋さんだったっけ？

違うよ。お母さんの作るギョウザが一番おいしい！

じゃあ、お家ではいつも水ギョウザなのかい？

いや、焼きギョウザ。

えっ？　ここまで色々言っていたのはなんだったの？

だから、極力食べないようにしてるんだよ。すごくおいしいんだけど。

まったくキミのこだわりが理解できない…。

学校説明会　※HPよりご予約のうえご来校ください

第6回
11月18日（土）14:00～
MGS対象説明会/個別相談会

第7回
12月 2日（土）14:00～
入試傾向と対策/個別相談会

第8回
1月 7日（日）10:30～
入試直前説明会/個別相談会

※各説明会の詳細は、開催日近くになりましたらHPでご確認ください。

学校見学　※電話またはE-mailでご予約ください

月～金曜日　9:00～16:00
土曜日　9:00～14:00
※日曜・祝日はお休みです

入試概要

推薦入試

募集人員　75名
試験日　1月22日（月）
合格発表日　1月23日（火）

一般入試

第1回
募集人員　95名
試験日　2月10日（土）
合格発表日　2月11日（日）

第2回
募集人員　10名
試験日　2月12日（月）
合格発表日　2月12日（月）

※詳細は、HPでご確認ください。

明星高等学校
MEISEI SENIOR HIGH SCHOOL

入学広報室
TEL：042-368-5201（直通）　FAX：042-368-5872（直通）
E-mail：pass@pr.meisei.ac.jp　http://www.meisei.ac.jp/hs/

高校受験 ここが知りたい Q&A

Question

進学校で運動部に入っても勉強と両立することはできますか？

私立進学校を第１志望と考えています。高校でも運動部に入りたいと思っているのですが、高校の運動部はハードなので、勉強と両立させるのは難しいと聞きました。本当に両立させるのは無理なのでしょうか？

（世田谷区・中３・KT）

Answer

両立は可能ですし、運動部に入ることで得られるメリットもあります。

確かに高校の運動部は中学生までとは少し質的に異なる面があります。全国大会出場をめざすような強豪校はそのぶん練習も厳しいでしょうし、そこまで厳しくなくても、中学生のころに比べて活発に活動している運動部が多いでしょう。

でも、安心してください。進学校の先輩たちは運動部と勉強の両立に励んできた経緯がありますから、一定の勉強時間をしっかり確保できるよう、進学校側も練習日時を工夫しているはずです。

私の知り合いにも、進学校で運動部に所属するお子さまを持つ方がいます。その部は試合で連戦連勝するような強豪ではないものの、熱心に練習を重ねていたそうです。

そのお子さまによると、先輩たちが授業の受け方、ノートのとり方、参考書の選択など、勉強面で色々とアドバイスしてくれたことが非常に参考になったといいます。

また、卒業した先輩が部に顔を出したときに、通っている大学の様子や大学受験に関する情報を教えてくれるため、進路を具体的に選ぶときも、「あの先輩が進学した大学はどうだろう」と身近な例を参考にでき、結果的に運動部の同期たちも医学部を含む難関大学に進学しているそうです。

このように、運動部に所属することはかならずしも勉強面のマイナス要素になるわけではなく、むしろ色々なメリットをもたらします。もちろん、両立も可能でしょう。

Success Ranking

全国学力・学習状況調査 数学A・Bランキング

11月号に引き続き、全国学力・学習状況調査の都道府県ランキング(公立中学校)を見ていこう。今回は数学だ。国語同様、Aは知識が身についているかどうか、Bは知識を活用できるかどうかをみる。国語で上位だった秋田県と北陸3県が数学でも優秀な成績を収めているよ。

数学A

順位	都道府県	平均正答数／問題数
1	**福井県**	26.2／36
2	石川県	24.9／36
3	秋田県	24.7／36
4	富山県	24.4／36
5	兵庫県	24.3／36
6	静岡県	24.2／36
7	愛知県	24.0／36
7	徳島県	24.0／36
7	愛媛県	24.0／36
10	山口県	23.9／36
11	東京都、香川県	23.8／36
13	青森県ほか3府県	23.7／36
17	群馬県	23.6／36
18	茨城県、三重県	23.5／36
20	奈良県ほか2県	23.4／36
23	広島県、長崎県	23.2／36
25	栃木県ほか3県	23.1／36
29	神奈川県	23.0／36
30	北海道ほか2府県	22.9／36
33	埼玉県ほか2県	22.8／36
36	福岡県、熊本県	22.7／36
38	千葉県ほか2県	22.6／36
数学A 全国平均		23.3／36

数学B

順位	都道府県	平均正答数／問題数
1	**福井県**	8.2／15
2	石川県	8.0／15
3	秋田県	7.8／15
4	愛媛県	7.7／15
5	富山県	7.6／15
6	群馬県	7.5／15
6	東京都	7.5／15
6	岐阜県	7.5／15
6	静岡県	7.5／15
10	愛知県	7.4／15
10	兵庫県	7.4／15
10	山口県	7.4／15
10	香川県	7.4／15
14	青森県ほか4府県	7.3／15
19	埼玉県、神奈川県ほか8県	7.2／15
29	宮城県ほか3県	7.1／15
33	千葉県ほか7道県	7.0／15
41	大阪府、島根県	6.9／15
43	岩手県ほか2県	6.8／15
46	高知県	6.7／15
47	沖縄県	6.3／15
数学B 全国平均		7.2／15

「平成29年度全国学力・学習状況調査」(文部科学省)をもとに作成

EDUCATIONAL COLUMN
15歳の考現学
いま多様化する高校のあり方
それにふさわしい学校選択を

私立 INSIDE
私立高校受験
私立高校入試
併願校を決める前に

公立 CLOSE UP
公立高校受検
都立高校受検の
ポイントを押さえよう

BASIC LECTURE
高校入試の
基礎知識
過去問を活用して
ラストスパートを

受験情報

神奈川　特色検査における学校独自の提出書類の様式を公表

神奈川県教育委員会は10月、来春入試で学校独自の提出書類様式がある公立高校（学科・コース・部）を公表するとともに、県教委ホームページで当該各校の様式をダウンロードできるようにした。

該当する全日制での高校・学科はつぎのとおり。

■特色検査における実技検査で必要な提出書類

県立厚木北・スポーツ科学科

横浜市立横浜商業・スポーツマネジメント科

川崎市立橘・スポーツ科

横浜市立戸塚・単位制普通科音楽コース

県立弥栄・単位制音楽科（①実技検査受検上の注意・実技検査提出用紙　②専攻別課題）

・単位制スポーツ科学科

埼玉　埼玉県公立高校「入試時の受検生心得」を公表

埼玉県教育委員会は10月、2018年度埼玉県公立高等学校入学者選抜の学力検査（2018年3月1日）における受検生心得を公表した。検査時に使用を認めるもの、いけないものは次のとおり。

■検査時に使用を認めるもの

鉛筆（シャープペンシルも可とする）、消しゴム、三角定規（直定規も可とする）、コンパス、計時機能のみの時計

■携行してはいけないもの

学力検査に必要ないもの、学力検査の公平性を損なうおそれのあるもの

（例）下敷き、分度器（もしくは類似機能を持つ文具類）、文字、公式等が記入された定規等、和歌や格言等が印刷された鉛筆等、色鉛筆、蛍光ペン、ボールペン、計算機、計算機能や辞書機能等のある時計、携帯電話等の電子機器類（時計がわりの使用も認めない）

なお、受検票はつねに携行し、検査中は定められた場所に置くこと。

また、今年から「学力検査時の時計は検査会場によっては掲示しないことがある。時計がない会場では検査中に時間の経過を伝える」という注意書きが加わっている。

15歳の考現学

いま多様化する高校のあり方
それにふさわしい学校選択を

森上《もりがみ》 展安《のぶやす》

森上教育研究所所長。1953年、岡山県生まれ。早稲田大学卒業。進学塾経営などを経て、1987年に「森上教育研究所」を設立。「受験」をキーワードに幅広く教育問題を扱う。近著に『教育時論』（英潮社）や『入りやすくてお得な学校』『中学受験図鑑』（ともにダイヤモンド社）などがある。「わが子が伸びる 親の技《スキル》研究会」主催。教育相談、講演会も実施している。
HP：oya-skill.com

偏差値で分類された学校をただ選択することは危険性も

出口（大学進学）の実績への評価が、ほぼ入口（高校入学）の難しさ、つまり偏差値に反映する、と考える受験生保護者が多勢だ、と思います。多勢がそう考えるからそのような偏差値になる、ともいえます。

とくに高校受験は、他の受験（例えば一番近似している、と考えられている中学受験）に比べ、入学3年後に大学入試を迎えるので、この傾向が強いのです。そこで特徴的なこととして、同じ高校内でも3段階くらいの難易差を設けコース別に入学を受け入れるスタイルが多くなっています。

その結果、中堅私学の場合、同じ高校のなかでも3グレードの集団が存在するケースが標準的です。もちろん、それぞれのコースにしたがって出口戦略が違ってきます。

ひと昔前は普通科、商業科、工業科という進路の違いだったものですが、今日では、とくに首都圏で大学進学が大勢となるに従い、この科別もシームレスになって、たんに入口の偏差値と出口の進学先による区分けにすぎない印象となっています。

各校ともオール普通科ということになっている今日の状況ではカリキュラムで違いを出す必要はありません。というより「めざす大学への受験カリキュラム」である必要こそあるものの、それ以外の何者かであることは、実際のところ求められていないように思います。

その大学にしても例えば最近できたばかりのある私大は、国家資格のある教員養成などに絞っていますが、歴史が浅いにもかかわらず、現に中堅難度になっています。その要因は中高教員資格に絞っているからだといわれています。そのエリアでは小学校教員養成大学はいくつかありますが、中高教員の養成大学はほかにないからだそうです。

つまりこの新しい大学は出口戦略がはっきりしているから受験生に人気なのだと思われるのです。

高校でも**都立多摩科学技術高校**いわゆる「タマカギ」といわれる新規巻き直しの都立高校は、元は都立小金井工業高校で、あまり芳《かんば》しい評価ではありませんでした。しかし、内外の大胆な変革をして、まったく違う人気高校へと変身しています。

従来の工業を職業にする職業教育校から、先端のバイオ分野に進学するテクノロジーを学ぶ高校に切り替わったのです。

先端を行くバイオテクノロジーを教えることは、人も金も大変かかるわけで、税金を使える都立だからこそできたのだ、といわれています。

この工業分野1つをとってみても従来の工業の知識ではまったく職業教育の意味はない。「まったく」は言い過ぎで多少はあるかもしれないものの、すべてがICTにとって代わられている今日ですから、現代のニーズに合ったICTの基礎知識を教えるなり、厖大《ぼうだい》な新知識の洪水を適切に活用できる学び方を身につけさせる必要が、本当はあります。

このように出口戦略（ディプロマポリシー）があって、いわゆるカリキュラムポリシー（中身戦略というべきか…）が立ち、ではどのような選抜をするか（アドミッションポリシー）という段取りになります。

従来は、この出口戦略が大学入試止まりであって、カリキュラムポリシーも大学入試に合格すればよい、とされてきました。

しかし、タマカギのように高校で先端バイオをやったら、進学先もそれにふさわしい大学があり、高校だけの学びではなく高大接続した学びができて、その道に進む者にとってとても学びやすい。

まさに高校は多様であるべきで、こうした用途のはっきりした学びの一方で、哲学的、教養的な学び、つまり、職業にすぐにはつながらない学びもあってよいでしょう。例えば、芸術大学に進学するのに、実技に加えてさまざまな教養を身につけることは、むしろ大切なことと思われます。

要は個々の高校がどのように出口戦略をとり、ひいてはカリキュラムや選抜のポリシーを組み立てるか、受験生、保護者は、大げさにいえば今後の人生戦略をかけて学校選択をしたいのに、その選択肢が例えばMARCH合格の可能性というだけでは心もとないのです。

主体的、積極的に自ら学校を選ぶことこそ

過日、東京都の年少人口の推移という予想数字を見たところ、向こう5年で、現状の1割は生徒が減り、さらに5年でまた、1割生徒が減るということになっていました。

つまり向こう10年で2割近くの生徒が減る、となると、偏差値50以下の高校の入学者数4割近い減少となってもおかしくはありません。

定員充足ができるのはレベルの高い学校だ、という前提にたてば、そういう見立てもできなくはないのです。

「座して死を待つ」学校もあるかもしれませんが、多くの学校は、それよりも「寄らば大樹」で大学の系列下に入るか、連携を強めて、強みを出そうとすると思います。

いま起きている大学附属高校人気は、そこまでの考えはないはずにしても少し時間をかけて、より資質を強めたい、という思考が顕在化しているようにも思われます。

これは高校の側つまりサプライサイド（供給側）の問題で、いわばデマンドサイド（需要側）つまり受験生からみると、自らの強み、あるいは追求したいことがあればこそです。

それがないか、もしくははっきりしないとなると、いまの偏差値分類で受験学力にふさわしい（？）学校を選ぶ従来型の進路選択にならざるをえませんが大丈夫でしょうか。

この春、某塾トップクラスの成績であった知人のお子さまが、高校受験でその偏差値通り、某県トップ校に進学しましたが、数日授業に出ただけで不登校に。1学期はほぼ休業となってしまいました。

この例は決して特殊な例とはいえないところが重要です。

受験は、「受」という字のせいではありませんが受け身なので、受験勉強さえすれば、偏差値で学校選択をし進学できます。ただ受け身である以上、このように不登校に陥っても不思議ではないのです。自ら主体的に学校選択をしたものではない以上、これはむしろ自然なことなのかもしれません。事例がトップ校だからもったいない、という印象が強いだけで、ことの本質は受け身で進路を考えたからだ、といえるでしょう。

本当に入りたくて進学する、学びたいものが学べるから進学するというあり方こそが、本来のあり様だと思います。それには積極的、主体的に学ぶことが早道となるでしょう。

では、それはどうしたらできるでしょうか。例えば料理を食べる側ではなく、作る側にまわる。サービスを受けるだけでなくサービスをする側にまわる、そこに身をおけば、積極性も主体性も自ずから備わる。

「受験」ではなく「進学」に変わるこうした生活習慣を増やすことが、主体性や積極性を手に入れるカギではないでしょうか。

私立 INSIDE

私立高校入試 併願校を決める前に

受験生は第１志望校についてはもう決まっていると思います。ただ、併願校が決まらなくて悩んでいる生徒が多い時期でもあります。今回は併願校を決める前に知っておいてほしいことをお話しします。本文にあるように私立２校、公立１校の「３校受験」が主流となっていますので、よく考えましょう。

私立高校を受験するには まず「推薦」で合格校を確保

私立高校は各高校が入試科目や日程などを独自に決めています。

入試の種類は都県や、所属地域、学校によって異なりますが、大きく分けて「推薦入試」と「一般入試」の2回があります。

「推薦入試」は、公立高校の入試1回目よりも前に実施されます。

とは言っても、現在では公立高校で2回の入試を行っているのは、首都圏では東京と千葉だけです。

東京と千葉の私立高校では、難関校を除いて、1月の推薦入試で「滑り止め校」を確定しておき、第1志望の公立校または、難関の私立上位校を受けます。千葉では1月入試を「前期」と呼んでいますが、実質的には「推薦入試」です。

埼玉と神奈川の公立高校は、1回しか入試がありません。

これにともなって、埼玉、神奈川の私立高校は、公立高校の入試前に入学者を確保しようとして、公立高校の入試前に実質的に合否を出してしまいます。

埼玉の私立高校では、1月の入試が推薦入試状態となっており「あとは公立の合否待ち」という状況となります。

神奈川の私立高校では、難関校で、筆記試験だけで合否が決まる「オープン入試」と呼ばれる入試があります。それ以外は、推薦入試（入試は2月）同様の事前確約型です。

このことから、神奈川では、推薦で私立を受けて「滑り止め校」を確保、そして公立高校と、オープン入試で難関私立高校を受ける「3校受験」が多くなっています。

このように首都圏では、一部の上位校を除いて、9割以上の私立高校が推薦入試、または推薦入試同様の入試を実施しています。

埼玉では「推薦入試」という言葉は使わない学校が多くありますが、1月の入試は実質的に推薦入試となっています。

推薦入試は本来「1つの高校に願書を出したら他校には願書を出せない」という、いわゆる「単願」や「専願」が基本でした。

「単願」に対する言葉として『併願』がありましたが、これは私立高校と公立高校に出願手続きすることをさしていました。

ところが、最近では「他の私立高校への出願も認める」という制度が

「併願」と呼ばれるようになってきました。いまでは、難関校と呼ばれる、あるラインを境にして私立高校のほとんどが、他の私立高校との「併願」を認めているというのが実情です。

このことから、神奈川以外でも私立2校、公立1校の「3校受験」が大きく増えています。

私立高校との併願をうまく使いたい

私立高校同士の併願制度を利用すれば、私立の第1志望校があっても「押さえの学校」として私立高校の推薦入試を受けることができます。

それが公立高校でなく私立高校であっても、その第1志望校の合格発表まで入学金などの延納が認められる学校がほとんどで、経済的な面でも大きなメリットがあります。

なお、私立高校の「併願」では、併願できる高校が限定されている場合があるのでよく調べましょう。

また、公立高校との併願しか認めない学校も、上位校を中心にまだまだあります。

私立高校について、どうしてもその学校に行きたい、第1志望校だ、という場合でしたら「単願」で推薦入試を受けた方が有利です。基準点なども「併願」よりは下回りますし、面接でほぼ合否が決定されます。

原則として学力検査はありませんが、進学後のクラス分けが目的の適性検査程度の筆記試験を実施する学校もあります。

ただ最近は上位私立校のなかに、学力検査に近い内容の「適性検査」（筆記試験）を実施する学校も出てきていますので注意は必要です。

首都圏私立高校の「推薦入試」、または「推薦同様の入試」を受ける最大のメリットは、受験機会が増え、合格のチャンスが広がることです。

そして、もし仮に不合格であったとしても、「一般入試」で再チャレンジできるわけです。

一部上位校の「推薦入試」あるいは「推薦同様の入試」では、不合格になる場合がありますが、一般入試での再チャレンジに対して、優遇制度を設けているところがあります。

つまり、合否判定の際に優遇してくれるのです。

私立高校に合格するには、ぜひともこれらの制度を利用し、チャンスの幅を広げておきましょう。

さて、東京の私立高校の「一般入試」、千葉の私立高校「後期」は、おもに公立高校入試2回目の前に集中して実施されています。

私立高校の一般入試や後期の試験科目は、国語・数学・英語の3教科が一般的です。

ただ最近の傾向として、私立高校でも5教科を課す学校が出てきました。とくに千葉の難関校で、この動きが急です。

さて、私立高校の一般入試は、学校によって試験日がずれているため、複数校の受験が可能です。

併願校を考えるときは、合格有望校・実力相応校・チャレンジ校と3段階に分けて選んでおくことが大切です。ゆとりを持ってチャレンジ校に挑戦しましょう。

都立高校受検のポイントを押さえよう

安田教育研究所　副代表　平松 享

都立高校には、「推薦」「一般」「二次」など、複数の入試機会が用意されています。それぞれに出願や受検、発表などで押さえておくべきポイントがあります。発表された要項をもとに、来年度入試の注意点をまとめました。

入試区分

都立高校の入試には、**【表1】**のように、大きく分けて「推薦」と「一般」が、さらに「一般」には「一次・分割前期」と、「二次・分割後期」があります。**田園調布**などのように、「一般」の定員を2つに分けて募集する学校では、それぞれを「分割前期」、「分割後期」と呼んでいます。日程は一次、二次と変わりません。

「推薦」の検査日は、1月26日と27日の2日間で、多くの学校が1日で終わらせています。各校の日程は12月ごろにわかりますが、10月以降の学校説明会などで発表されることもあります。

また、集団討論の進め方などについては、出願時にその内容を説明した書類が配布される学校があります。日程や進め方はどちらも前年と変わらない学校がほとんどなので、各校のホームページ（HP）などであらかじめ調べておきましょう。

「一般（一次・分割前期）」の試験日は2月23日です。来年から、インフルエンザなどの学校感染症にかかって、当日、受検できない生徒が、後日、同じ高校を受験できる「追検査」の制度ができました。

2月26日までに、中学校を通じて受検した高校に所定の書類を提出して申請、3月9日の二次試験の日に受検します。科目は国数英の3科ですが、ほかに小論文や面接などを加えて実施する学校もあり、詳しい内容は12月ごろ、発表される予定です。

「推薦」の合格者は「一般」に出願できません。しかし、不合格の場合は、同じ学校を含む「一般」に出願できます。

出願と志願変更

出願は「推薦」、「一般（一次・分割前期）」、「一般（二次・分割後期）」のそれぞれについて、そのたびに必要書類を受検する学校に持参して提出します。

願書は、都内の公立中学校の生徒であれば学校から配布されますが、私立や他県の中学校などに在籍している生徒の場合は、各校で直接、または教育委員会から取り寄せたりという形になります。

多くの公立中学校では、書類作成のため、「推薦」や「一般」の出願日より10日以上前に、中学校内での締切日を設けています。期限を過ぎると、出願先を変えにくい状況になることがありますので、事前に中学校の先生の話はよく聞いておくようにしましょう。

そして、都立高校の「一般」には、各校の倍率を確かめてから、出願先を変更する「取下げ・再提出」の制度があります。タイミングよくこれを利用すれば、中学校も対応してくれます。

例えば「一般（一次・分割前期）」の願書受付日は、来年は2月6日と7日ですが、都立の各校は、その時点で一度締め切った倍率を公表します。

その数字がそれぞれ翌日（7日と8日）の朝刊に載りますのでそこで出願を再検討することができます（東京都教育委員会のHPには6日と7日の夜にアップされます）。

実際に「志願変更」を行う場合は、出願した高校に、14日の午後3時までに願書を取り下げに行き、翌15日の正午までに、変更先の学校に再提出します。ただし、一度取り下げた学校へ再提出することはできません。また、利用する場合は、必ず中学校の先生に相談し、書類の変更などの手続きをお願いしなければなりません。

なお、「海外帰国生枠」や産業技術高専の合格者は、それ以降の選抜に出願できません。「一般（二次・分割後期）」募集でも、それまでの都立合格者は出願できません。

合格発表と手続き

合格発表は、「推薦」が2月1日、「一般（一次・分割前期）」は3月1日、「一般（二次・分割後期）」は3月15日で、「推薦」と「一般」では午前9時に、「二次・分割後期」では正午に、合格者の受検番号が学校内に掲示されます。インターネット等での発表はありません。

手続きの締め切りは、すべて発表翌日の正午です。入学金などの納入はありませんが、入学の意思があるときは、入学確約書を締め切りまでに高校に提出する必要があります。

【表1】2018年度（平成30年度）東京都立高校入試日程（全日制）

推薦	願書受付		1月23日（火）（午後3時締め切り）
	面接・実技		1月26日（金）、27日（土）
	合格発表		2月1日（木） 午前9時
	入学手続		2月1日、2日（正午締め切り）
一般一次・分割前期	願書受付		2月6日（火）、7日（水）（正午締め切り）
	志願変更	取り下げ	2月14日（水）（午後3時締め切り）
		再提出	2月15日（木）（正午締め切り）
	学力検査		2月23日（金）《帰国生対象は16日》
	合格発表		3月1日（木） 午前9時《同21日》
	入学手続		3月1日、2日（正午締め切り）《同～22日》
	★応募倍率の新聞発表（朝刊）…初日分2月7日（水）、2日目締め切り分8日（木）、再提出後確定16日（金）		
一般二次・分割後期	願書受付		3月6日（火）（午後3時締め切り）
	志願変更（追検査はなし）	取り下げ	3月7日（水）（午後3時締め切り）
		再提出	3月8日（木）（正午締め切り）
インフルエンザ等罹患者に対する追検査	学力検査		3月9日（金）
	合格発表		3月15日（木） 正午
	入学手続		3月15日、16日（正午締め切り）
	★新聞発表…募集人員3日、倍率（取り下げ前）7日		

都立の「推薦」は、合格すれば入学しなければなりませんが、「一般」の場合は、入学を辞退できます。

昨年から始まった（在学中学校に検査結果を送付することへの）「同意書」の提出は、今年から入学願書の裏面に設けられた「同意署名欄」に記入する形式に変わりました。

入試の得点など（学力検査点、面接点、小論文点などの個人記録）は、答案と同様に本人が受検した高校に開示請求すれば、写しを受け取ることができます。

ただし、この制度は採点ミスなどで誤って不合格とされた生徒を救済するためにできたものです。来年からは、不合格者からの請求を優先して受け付けることになりました。「推薦」「一般（一次）」の受け付けは3月1日からで、合格者の請求は5月1日からの受け付けです。

また、この制度を利用した開示請求の受け付けは8月31日に終了となります。


【表2】2018年度（平成30年度）東京都立高校上位校募集要項

地区	学校の種別・学科タイプ・指定	学校名	推薦枠	文化スポーツ	科目数等	分割募集	男女緩和	前年実質倍率	
								男子	女子
旧1学区	進学指導重点校	日比谷	20%		5③自			1.75	1.62
	進学指導特別推進校	小山台	20%		5			1.40	1.71
	進学指導推進校	三田	20%		5		○	1.62	1.93
		雪谷	20%	○	5		○	1.51	1.63
		田園調布	20%		5	○		1.64	1.71
	高等専門学校	産業技術高専	20%		3傾		合同	1.65	
旧2学区	進学指導重点校	戸山	20%		5③自			1.52	1.51
		青山	10%		5③自			1.70	1.81
	進学指導特別推進校	駒場	20%		5			1.64	1.86
		目黒	20%	○	5		○	1.64	1.55
	連携型中高一貫	広尾	20%	○	5		○	1.75	2.25
	進学指導特別推進校・単位制	新宿	10%		5③自		合同	2.11	
	進学指導特別推進校	国際	30%		5英自傾		合同	2.13	
	単位制	芦花	20%		5		合同	1.63	
旧3学区	進学指導重点校	西	20%		5③自			1.63	1.45
	併設型中高一貫	大泉	20%		5③G			1.15	1.00
		富士	20%	○	5③G			1.76	1.50
	進学指導推進校	豊多摩	20%	○	5			1.98	2.02
		井草	20%		5		○	1.52	1.30
旧4学区	進学指導推進校	竹早	20%		5			1.76	2.15
		北園	20%		5			2.20	1.82
		文京	20%	○	5		○	2.11	1.78
		豊島	20%	○	5		◎	1.42	1.58
	単位制	飛鳥	20%	○	5傾		合同	1.33	
旧5学区	併設型中高一貫	白鷗	20%		5③G			1.18	1.25
		上野	20%	○	5			1.72	1.49
	進学指導推進校	江北	20%		5		○	1.35	1.34
	総合学科	晴海総合	30%	○	5(3)		合同	1.51	
旧6学区	併設型中高一貫	両国	20%		5③G			1.00	1.00
	進学指導特別推進校	小松川	20%		5			1.32	1.15
	進学指導推進校	城東	20%	○	5			1.43	1.50
		江戸川	20%	○	5			1.68	1.65
		深川	20%	○	5			1.68	1.38
	コース制	深川(外国語)	30%		5傾		合同	1.91	
	進学指導推進校・単位制	墨田川	20%		5③自		合同	1.30	
	科学技術科	科学技術	30%	○	5傾		合同	1.20	
旧7学区	進学指導重点校	八王子東	20%		5③自			1.25	1.33
	進学指導特別推進校	町田	20%		5			1.36	1.46
	進学指導推進校	日野台	20%		5			1.19	1.41
		南平	20%		5			1.50	1.56
	コース制	松が谷(外国語)	30%		5(3)傾		合同	1.72	
	単位制	翔陽	20%		5		合同	1.14	
旧8学区	進学指導重点校	立川	20%		5③自			1.48	1.44
		昭和	20%		5			1.22	1.30
		東大和南	20%	○	5			1.49	1.46
旧9学区	併設型中高一貫	武蔵	20%		5③G			1.34	1.78
	進学指導推進校	武蔵野北	20%		5			1.25	1.75
		小金井北	20%		5			1.46	1.72
		清瀬	20%	○	5			1.30	1.20
		小平	20%	○	5		○	1.65	1.63
	コース制	小平(外国語)	30%		5傾		合同	1.56	
	進学指導特別推進校・単位制	国分寺	20%		5③自		合同	1.63	
	単位制	上水	20%	○	5		合同	1.41	
	進学指導推進校・科学技術科	多摩科学技術	30%	○	5傾		合同	1.44	
旧10学区	進学指導重点校	国立	20%		5③自			1.35	1.43
	進学指導推進校	調布北	20%		5			1.17	1.48
		狛江	20%	○	5		○	1.41	1.52

＊科目数等の欄の「③自」は3科自校作成、「③G」は同グループ作成。「傾」は傾斜配点を行う。◎は新規導入。

高校入試の基礎知識

過去問を活用してラストスパートを

中学3年生は、受験本番まで「あと100日」となりました。いよいよラストスパートの時期ですが、焦ることはありません。これからの何週間でも、入試の点数を大きく伸ばすことは可能です。今回は、そのために過去問を利用したスコアアップを考えます。過去問攻略でラストスパートをかけましょう。

インプットの時期は終わり いまはアウトプットの時期

ラストスパートに入ったこの時期は、新しいことを頭に詰め込む、インプットの時期はもはや終わっています。いまは、これまで学んできたことを、入試でいかに正確にアウトプットできるか、その練習を積む時期になっています。

できるだけ実際の入試問題に近い形式の問題を解くことがプラスになります。その最たるものが志望校の過去入試問題（過去問）です。

受験直前は志望校の過去問に、本番同様の制限時間で取り組み、時間配分や問題を解く順番、捨て問の見極めなどについて練習しましょう。

後述しますが、「入試では満点を取る必要はなく、合格最低点以上を取ればいいのだ」ということを、まず、頭に入れておきましょう。

まだ過去問を解いていない人は、12月には過去問に手をつけなければなりませんし、すでに過去問を解いている人も、再度、解いてみることが必要です。

「夏休みに買って解いてみたよ」という人もいるかもしれませんが、おそらくそれは「見ただけ」に終わっているはずです。

なぜなら、過去問を早くやりすぎても、その時点では、あなたがまだ学習すべき分野・単元の学習は終わっていなかったはずですから、「わからない、解けない」と感じることだらけだったのではないでしょうか。

でも、あなたがやったことは意味がなかった、というわけではなく、早めの過去問対策は、「現状の学力との開きを意識することができた」とプラス面で捉えることができます。

過去問対策の時期としては、冬休み前ぐらいからで十分間に合います。

第1志望校の過去問は4～5年ぶん、できればふた回りは解きたいところです。

他校の類題を探して解け、ということも言われますが、その時間があるなら、志望校の過去問を繰り返した方が効果はあがります。

おそらく1回目だけでは、時間に追われてしまって、どうしようもなかった、という印象で終わってしまうと思います。よく考えずに解答欄を埋めただけ、という状態だったでしょう。2回解くことで、時間配分のコツもわかってきます。

繰り返していると「あれ、これに似た問題、ほかの年度の過去問で見たな」という気づきが出てきます。

それが、その学校の出題傾向を知ることにつながるのです。また、解答の求め方や、どのように解答欄に書けばいいのか、などは、その学校では、毎年ほとんど変わりません。

「過去問ノート」を作ろう 1日1単元で確実に攻略を

繰り返し解く、という目的のために「過去問ノート」を作りましょう。過去問を解く際、解答はノートの方に書くのです。

「〇〇年度　数学　大問1　…」というようにタイトルをつけておき、ノートに書くようにすれば、解答用紙を汚さずに繰りかえし解くことができます。

何年ぶんかを解いてノートを見直すと、「方程式を使う文章題が必ず出てるな」とか「不等式は全然出てないや」など、その学校なりの傾向が見えてきます。

また、「過去問ノート」から、自分の「間違えポイント」が透けて見えてきます。色ペンなどで間違えたポイントを、解答を書いた部分の端にメモしておけば、より効果的です。

「過去問ノート」を見直すと、自分は「ある分野が全然ダメ」ということもわかるでしょう。この時期にいたって苦手分野があることが判明するわけです。

でも、動揺することはありません。そのために過去問を解いているのです。いま、苦手分野を見つけられて助かった、まだ伸ばせる点がある、とプラス思考で考えましょう。

ただ、間違えた答えを直して終わりという生徒も見かけますが、それだけではほとんど意味がありません。

「間違えポイント」で見つけた苦手分野については、いままで使ってきた問題集に戻って、その分野をもう一度復習します。正解を知るだけでなく、「自分で」解けるようにするところまで突きつめましょう。

この時期の問題集の解き方には、コツがあります。

「間違えポイント」に沿って苦手分野の復習をする場合、1日で1単元程度を確実に復習できるような計画を立てます。

大事なのは、1日ずつ「この範囲は完璧に復習できた」という自信を積み重ねていくことです。1日では時間が不足するときは、その単元を分けて次の日にも取り組み、毎日成長しているという実感が伴えば、自信にもつながります。

苦手分野に気づく以外に「過去問ノート」で気づける「間違えポイント」には、どんなものがあるでしょうか。

「ケアレスミス」。例えば転記ミスですね。途中式を書き、その式で出た答えの数字を見間違えて転記した、ということも多いのです。

また、問題の読み間違えもあります。いつも「正しいものを選べ」という問いとは限りませんし、「3つ選べ」を見落として1つしか選ばなかったなどということも起こります。

また、「時間が足りず、最後の方は間に合わなかった」ということも多いかもしれません。

これらの「間違えポイント」は、自分で気づいて、意識して直さなくては間に合いません。

「途中式の数字も丁寧に書く」とか、「時間配分をしっかり」ということに自分で気づいてほしいのです。

合格のためには満点は不要 「捨て問を作る」ことが大切

「時間が足りなかった」ことについては、ただ、「早く解く」では解決しません。対処法として「捨て問を作る」ということが大切です。

試験開始と同時に問題全体を見て、

「この問題はできない」「時間がかかりすぎる問題だ」ということに気づいていれば、そのほかの、できる問題やできそうな問題の方へ時間を配分すればいいのです。

冒頭で述べたように、入試では満点は必要ありません。どの学校でも全体の65％程度以上の正解ができれば合格という基準で作問しています。この数字から考えると3割の問題は捨ててもいいということになります。

過去問を扱った本には、その年の合格者最低点が示されていますので、それを参考にしましょう。

「捨て問」とは、言い換えれば「得点しなくてもいい問題」です。志望校の合格を勝ち取るためには、必ずしもすべての問題にチャレンジする必要はないのです。これを見極めるのは難しく感じるかもしれませんが、過去問を繰り返すことによって、どの問題を捨てるべきかがわかってきます。

「過去問題集」を買おう
「問題＋解答」だけではダメ

話が前後するようになりますが、過去問はどのようにして手に入れるのがベターか、をお話しします。

先ほど「過去問を扱った本には、その年の合格者最低点が示されている」という話をしました。

現在、各校の過去問はインターネット上で簡単に手に入れることができます。費用もかかりません。

しかし、インターネット上に掲載されているものは、「問題と解答」が出ているだけです。大事なのは、「問題を解いて、答え合わせをするだけでは対策にはならない」ということです。

ぜひ、本になっている各校の「過去問題集」を購入しましょう。

なぜかといえば「過去問題集」には、第一に「傾向と対策」というページがあるからです。

「傾向と対策」には、出題各科目についての、出題傾向と今後への対策が書かれています。また、各科目について分野別に一覧表が作られ、過去4～5年ほど、どの分野が出題されたか、また、まったく出題されていないか、などがひと目でわかるようになっています。

さらに、来年度の出題分野予想まで◎や△で示してくれる本もあります。

これらを発行している出版社では、何年も前からその学校の入試問題を研究しています。「よく出る分野」に載っている分野は、参考書でやり直しをしておけば安心です。

「傾向と対策」のページは、熟読するべき情報です。

解答用紙とともに「推定配点」も載っています。

また、年度別に「合格者最低点」も掲載されています。「推定配点」は、その本の出版社の推定値ですが、合格者最低点は学校発表のものです。

過去問をやってみるときは、この合格者最低点が、初めの目標になります。

間違えずに、その年度の合格者最低点を見るようにしましょう。

これらのことは、インターネット上で手に入る「問題と解答」には、まったく載っていません。ですから、本屋さんで「過去問題集」を買いましょう、とすすめるのです。

ただ、本の形になっている「過去問題集」では、気をつけるべきポイントが2つあります。

1つは、解答用紙が小さいこと、もう1つは「国語」の長文問題が削除されている場合があることです。

「解答用紙が小さい」というのは、本の形状に合わせて解答用紙が縮小されて収録されていることです。「過去問題集」のほとんどはB5サイズですから、B4やA3サイズで作られている実際の解答用紙よりもかなり小さくなっています。

ただ、「過去問題集」の解答用紙のページには、「153％に拡大使用してください」などと書かれていますので、コピー機で拡大コピーをすれば、元の大きさになります。実際の大きさを確認しておきましょう。

「国語の長文問題削除」ですが、長文読解問題で、その元となる長文が著作権法の規定で掲載できないことから、近年起きている現象です。問題が載っていても、肝心の長文部分が真っ白なのです。

その部分は学校側が削除していますので、インターネット上で手に入る問題も同様に掲載されていません。これを解決するには、学校窓口で頒布されているものを手に入れることです。進学塾の先生に相談すると、塾で用意していることもあります。

さて、ここまで、過去問の活用法をお話ししてきました。学力は入試日の朝まで伸ばすことができます。とくにラストスパートでは、過去問対策が最も重要なポイントです。過去問をうまく活用して、最後の仕上げで成功につなげましょう。

★★★★★★★ 10月号の答えと解説 ★★★★★★★

問題：英語クロスワードパズル

カギを手がかりにクロス面に単語を入れてパズルを完成させましょう。最後に **a ～ f** のマスの文字を順に並べてできる単語を答えてください。

1				2	■	3 c			4
	■	■	■		■		■	■	
	■	5	■	6				■	
7			e		■		■	■	
■	■		■	■	8		9		
10	d		11		■	■		■	■
	■	■		■	12				13 f
	■	14	b			■		■	
	■	■		■		■	■	■	
15				■	16 a				

※濃い色のマスには文字は入りません

ヨコのカギ

1 ⇔ expensive
3 The book ____ a million copies.（その本は 100 万部売れた）
6 ⇔ uncle
7 The ____ bird catches the worm. ≪ことわざ≫
8 Let's ____.（さあ、始めよう）
10 ユーモア、気分
12 ⇔ long、tall
14 See you ____ week.（また、来週）
15 Sit ____ 、please.（おかけください）
16 Are you ____ ?（準備はできましたか）

タテのカギ

1 take ____ of ～（～の世話をする）
2 "Let's ____ tennis." "Yes let's."
3 It has been raining ____ last night.（昨夜からずっと雨が降っている）
4 a ____ game（引き分け試合）
5 Butter is made ____ milk.
9 ____ up（成長する。大人になる）
10 I ____ the bell ring.（ベルが鳴るのを聞いた）
11 the Pacific ____（太平洋）
12 the ____ s and Stripes（星条旗）
13 ____ speak Spanish in Mexico.（メキシコではスペイン語を話す）

解答：RESULT（結果）

解説

クロスワードを完成させると右のようになります。

C	H	E	A	P	■	S	O	L	D
A	■	■	■	L	■	I	■	■	R
R	■	F	■	A	U	N	T	■	A
E	A	R	L	Y	■	C	■	■	W
■	■	O	■	■	B	E	G	I	N
H	U	M	O	R	■	■	R	■	■
E	■	■	C	■	S	H	O	R	T
A	■	N	E	X	T	■	W	■	H
R	■	■	A	■	A	■	■	■	E
D	O	W	N	■	R	E	A	D	Y

ヨコ1　expensive（高価な、ぜいたくな）の対義語は、cheap（安価な、低価格の）
ヨコ3　soldは、sell（売る、〈商品などが〉売れる）の過去形。copiesは、copyの複数形で、本の部数を表す
ヨコ7　The early bird catches the worm. ＝早起きの鳥は虫を捕まえる（早起きは三文の得〈徳〉）
タテ4　drawnは、draw（引く、〈勝負などが〉引き分けになる）の過去形
タテ5　バターは牛乳から作ります
タテ13　ここでは、theyは一般の人々を表します

中学生のための 学習パズル

今月号の問題

ジグソー・漢字クロス

左のパズル面に置かれているピースを手がかりに、右にある**A〜O**のピースをパズル面の空欄に当てはめて、クロスワードを完成させましょう。このとき、最後まで使われずに残るピースが１つあります。そのピースの記号を答えてください。

有	頂						
名	■						
						間	■
						人	口

A

同	■
■	正

B

胸	■
■	主

C

無	罪
実	■

D

対	義
戦	■

E

夜	道
食	■

F

急	転
■	校

G

犯	人
■	公

H

直	下
■	水

I

外	視
■	力

J

■	共
流	通

K

■	度
合	計

L

■	旅
民	館

M

語	■
学	齢

N

天	■
体	温

O

行	■
歌	合

応募方法

左のQRコードからご応募ください。

◎正解者のなかから抽選で３名の方に図書カード（1000円相当）をプレゼントいたします。

◎当選者の発表は本誌2018年2月号誌上の予定です。

◎応募締切日 2017年12月15日

10月号学習パズル当選者

全正解者28名

丹羽流姫南さん（中３・埼玉県さいたま市）

佐藤　優菜さん（中２・東京都稲城市）

浅野　紗希さん（中１・東京都江戸川区）

に挑戦!!

法《ほう》政《せい》大《だい》学《がく》高等学校

◆ 東京都三鷹市牟礼4-3-1
◆ 京王井の頭線「井の頭公園駅」徒歩12分、JR中央線・京王井の頭線「吉祥寺駅」徒歩20分、JR中央線「三鷹駅」・京王井の頭線「久我山駅」・京王線「調布駅」バス
◆ 0422-79-6230
◆ https://www.hosei.ed.jp/

秋の学校説明会〈要予約〉
11月25日(土)　13：30～15：10／15：30～17：10

問題

図のように，関数$y = x^2$のグラフと関数$y = x + 2$のグラフが2点A，Bで交わっている。原点を通り直線ABに平行な直線ℓと$y = x^2$のグラフの交点のうち，原点ではない方を点Cとするとき，次の問いに答えなさい。

(1) 四角形ABOCの面積を求めなさい。
(2) 原点を通り，四角形ABOCの面積を2等分する直線の式を求めなさい。

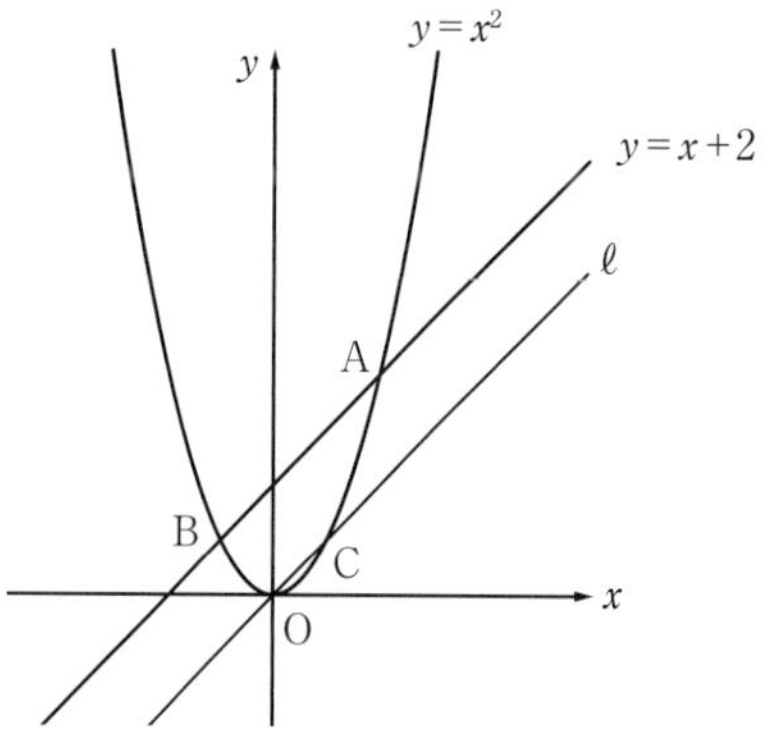

解答 (1) 4　(2) $y = 3x$

明《めい》治《じ》大《だい》学《がく》付《ふ》属《ぞく》中《なか》野《の》高等学校

◆ 東京都中野区東中野3-3-4
◆ JR中央線・都営大江戸線「東中野駅」徒歩5分、地下鉄東西線「落合駅」徒歩10分
◆ 03-3362-8704
◆ http://www.meinaka.jp/

学校説明会及び校内見学〈要予約〉
11月18日(土)　9：20～11：20／14：00～16：00

問題

[　　] 内の定義に当てはまる英語1語を，指定された文字で始め，意味の通る文になるよう（　　）に入れなさい。

1. He (d　　) Mt. Fuji on his notebook yesterday.
[to make a picture of something with a pencil or pen]

2. Our cat likes sleeping on the (r　　) on sunny days.
[the top outer part of a building]

3. She really worked hard as a (v　　) after the earthquake.
[a person who does a job without being paid for it]

4. For young people, staying in a foreign country is great (e　　).
[knowledge or skill from doing, seeing, or feeling things]

5. The movie was so (b　　) that I fell asleep.
[not interesting or fun]

※解答は『サクセス15』編集部で作成しました。

解答 1. drew　2. roof　3. volunteer　4. experience　5. boring

開《かい》智《ち》高等学校

問題

1辺10cmの正方形ABCDがある。

点Pは点Aから，点Qは点Bから図の矢印の方向に辺にそってそれぞれ毎秒1cm，および毎秒2cmの速さで動き，点Qが点Pに追いついたときに止まることにする。ただし，2点P，Qは同時に動き出す。このとき，次の問いに答えなさい。

(1) 動き出してから4秒後の△PBQの面積を求めなさい。

(2) 点Qが点Pに追いつくのは動き出してから何秒後であるか求めなさい。

(3) 動き出してから8秒後の四角形PBCQの面積を求めなさい。

(4) 点Qが辺CD上にあるとき，BP＝CQとなるのは動き出してから何秒後であるか求めなさい。

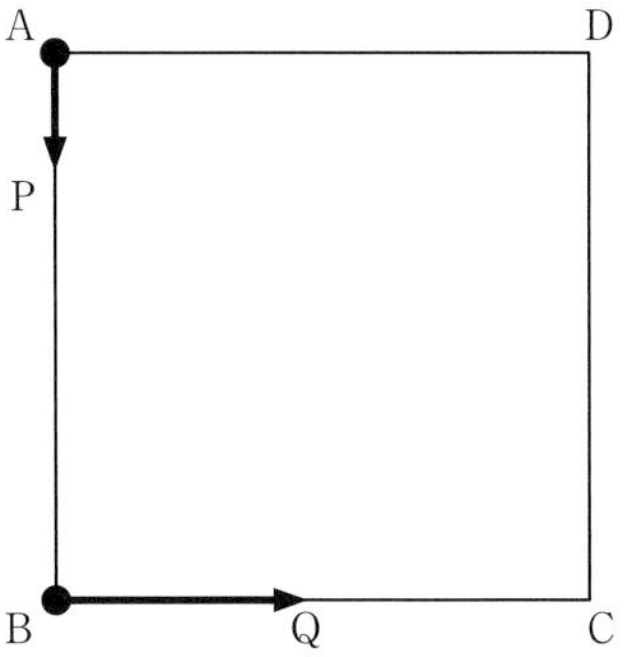

解答　(1) 24cm²　(2) 30秒後　(3) 40cm²　(4) $\frac{20}{3}$秒後

◆ 埼玉県さいたま市岩槻区徳力西186
◆ 東武野田線「東岩槻駅」徒歩15分
◆ 048-794-4599
◆ http://www.kaichigakuen.ed.jp/

入試説明会
11月18日(土)　10：00
11月26日(日)　10：00／13：30
12月17日(日)　10：00

個別相談会〈要予約〉
11月18日(土)　11月26日(日)
12月17日(日)
すべて9：45～16：30

下級生対象学校説明会
3月24日(土)　13：30
※質問コーナーあり

国《こう》府《の》台《だい》女《じょ》子《し》学《がく》院《いん》高等部

問題

次の英文を読み（　）内の語を適する形に変えなさい。ただし，1語とは限りません。

Himeji Castle is nicknamed "*White Heron Castle." When you see it, you will soon understand why. Himeji Castle looks like a white bird ① (spread) its wings. Now it is very white because its repairs were finished in the spring of 2015. The castle tower is 45.6 meters high, and that is about as high as a 15-story building. Many people may wonder how they ② (build) it so high in the early 17th century.

Himeji castle has many clever ideas to protect it from enemies. Let's take a look at the walls. There are holes with some different shapes. Those holes were made ③ (attack) enemies from inside the walls. Samurai put guns through the triangular and *circular holes, and they shot arrows through square holes. Another clever idea can ④ (see) from high above the castle. The castle grounds look just like a *maze. It is very hard to get to the main buildings. Today people say, "Don't worry. I have a map." But be ⑤ (care). Even with a map, many tourists get lost!

注）White Heron Castle 白鷺（しらさぎ）城　circular 円の　maze 迷路

解答　①spreading　②built　③to attack　④be seen　⑤careful

◆ 千葉県市川市菅野3-24-1
◆ 京成線「市川真間駅」徒歩5分、JR総武線「市川駅」徒歩12分またはバス
◆ 047-326-8100
◆ http://www.konodai-gs.ac.jp/

学校説明会
11月25日(土)　10：30

Letter section

みんなのお便りコーナー サクセス広場

テーマ

テストでしちゃったミス

英語の試験で名前をローマ字で書かなきゃいけなかったとき、かっこつけて覚えたての**筆記体**で書いたら間違ってたみたいで直された。恥ずかしかったなあ。
（中１・U.M.さん）

三角形を表す記号を**角度を表す記号**と見間違えてしまいました。簡単な問題だったのに間違えてしまい、とても悔しかったです。もう絶対に見間違えなんてしません。
（中３・それとも、老眼かなぁ？　さん）

間違いを消そうとしたらテスト用紙を**思いっきり破って**しまった。試験時間も残り少なかったので、そのまま提出して、先生があとでくっつけてくれたけど…超焦った！
（中２・焦りは禁物さん）

そんなやついないだろうと思っていたのに、まさか自分がなるとは。定期テストで**名前を書き忘れた**ことがあります。先生の温情がなかったらと思うと恐ろしい！
（中３・公立志望なのに！　さん）

模試に**筆記用具**を持っていくのを忘れるというとんでもないミスをしたことがあります。あのときほど友だちに感謝したことはありません。
（中３・友情最高！　さん）

テーマ

うちの学校のここを変えたい！

変な髪型規制。先生の時代といまは違うんですよ、と言いたい。
（中２・「岩盤規制」という言葉を最近覚えましたさん）

月曜の朝の**全校集会**を金曜の５限目に変えたい。とくに夏や冬は外で話を聞くのがつらいので。中学生的プレミアムフライデーって感じで、金曜は集会が終わったら下校っていうのがいいと思う！
（中２・F.D.さん）

どうか**冷房**の導入を！　夏は暑すぎて授業どころじゃありません！
（中１・キンキン大好きさん）

下駄箱。校舎が古いから汚いし、においもちょっと…。朝から気分が下がります。
（中１・ぼくの足が臭いの？　さん）

給食に出る飲みものを、**お茶か牛乳**か選べるようにしたい！　ごはんに牛乳ってやっぱり合わないと思うんだけどなぁ…。
（中１・牛乳嫌いさん）

テーマ

いま熱中してること

漢字の**クロスワードパズル**。四字熟語とかこれのおかげで結構覚えた。受験勉強の息抜きにしていても、そんなに罪悪感がないところもいい。
（中３・もじっこさん）

好きな子が「ギター弾ける人かっこいい」って言ってたのを聞いて、**ギター**を弾き始めました。兄に教えてもらいながら１曲マスターして、その子の前で披露するぞ！
（中２・ギタリストさん）

プログラミングに熱中しています。時間はかかるけど、楽しくて仕方がないです。
（中２・新米プログラマーさん）

イヌとのスケートボードの訓練。前に公園でスケートボードに乗るイヌを見たので、うちのイヌもできるようにしたくて！
（中２・いけ、たろう！　さん）

バスケ。背は低いんですが、だれよりも練習すれば、うまくなると信じて毎日練習しています！　ついでに身長を伸ばすために牛乳もたくさん飲んでいます！
（中１・夢はダンクシュートさん）

必須記入事項

A／テーマ、その理由　B／郵便番号・住所
C／氏名　D／学年　E／ご意見、ご感想など

右のQRコードからケータイ・スマホでどしどしお寄せください！
住所・氏名は正しく書いてください。
ペンネームは氏名のうしろに（　）で書いてネ！
【例】サク山太郎（サクちゃん）

Present!!
掲載された方には抽選で３名に**図書カード**をお届けします！
（500円相当）

募集中のテーマ

「お正月の思い出」

「オススメの小説」

「お年玉、なにに使う?」

応募〆切 2017年12月15日

ここから応募してね！

ケータイ・スマホから
上のQRコードを
読み取って応募してください。

世間で注目のイベントを紹介

サクセス イベントスケジュール！ 11月～12月

日本の祭 秩父夜祭

毎年12月2日・3日に行われる秩父《ちちぶ》夜《よ》祭《まつり》。多くの提灯で飾られた2台の笠《かさ》鉾《ぼこ》と4台の屋台が曳行《えいこう》される豪華なお祭だ。埼玉の秩父神社の例祭で、京都の祇園祭・飛騨の高山祭と並んで日本三大曳山《ひきやま》祭にも数えられている。同時開催の花火大会も気分を盛りあげてくれる。

1 ＼＼「見る」ことで知る新たな世界／／

レアンドロ・エルリッヒ展：見ることのリアル

11月18日（土）～4月1日（日）
森美術館

見て、体感できるアート展に注目。国際的に活躍するアルゼンチン出身の現代アーティスト、レアンドロ・エルリッヒの過去最大規模の個展が森美術館で開催される。視覚的な仕掛けを用いて、見るものの常識に揺さぶりをかける作風が特徴のエルリッヒの作品を40点以上展示。なかには、作品の一部になって写真撮影ができるものもあるよ。P5組10名

国宝 雪松図と花鳥 ―美術館でバードウォッチング―

12月9日（土）～2月4日（日）
三井記念美術館

三井記念美術館の新春の恒例となっている円山応挙筆の国宝・雪松図屏風の公開。今回は、それに合わせて花鳥をテーマにした展覧会が行われる。茶道具、絵画、工芸品など、色々な鳥たちをモチーフとした逸品が展示され、美術館でバードウォッチングが楽しめる。期間中展示替えがあり、雪松図屏風は後期の1/4～2/4公開なので気をつけて。P5組10名

2 ＼＼鳥を愛でる展覧会／／

3 ＼＼生活を彩るデザイン／／

日本・デンマーク国交樹立150周年記念 デンマーク・デザイン

11月23日（木祝）～12月27日（水）
東郷青児記念 損保ジャパン日本興亜美術館

デザインやインテリアに興味がある人にとくにおすすめしたい展覧会がこちら。数々の巨匠を輩出し続けるデザイン大国として知られる北欧の国・デンマークの、19世紀後半から現在までの家具や食器といった生活を彩る品々の優れたデザインを紹介する内容だ。デンマーク・デザインのシンプルでありながら機能的な美しさを感じてほしい。

4 ＼＼おいしい魚介料理が集結！／／

ジャパンフィッシャーマンズフェスティバル2017 ～全国魚市場&魚河岸まつり～

11月16日（木）～11月19日（日）
日比谷公園

日本各地の魚介料理が楽しめるグルメイベント、ジャパンフィッシャーマンズフェスティバルが今年も開催。全国津々浦々のおいしい漁師飯や磯料理が会場となる日比谷公園に大集結。しかも、今年は昨年度より出店店舗数がさらに増え、約80店舗の魚介料理が堪能できる。胃袋を大満足させること間違いなしの4日間が待っているよ。

六本木開館10周年記念展 フランス宮廷の磁器 セーヴル、創造の300年

11月22日（水）～1月28日（日）
サントリー美術館

ヨーロッパ磁器の最高峰の1つとして有名なフランスのセーヴル磁器。その、およそ300年の歴史をセーヴル陶磁都市の名品・優品とともに紹介する。マリー・アントワネットから草間《くさま》彌生《やよい》まで、まさに「磁器芸術」と呼ぶにふさわしい作品が来日。洗練された形や優美な色彩で彩られた絵柄など、気品に満ちたセーヴル磁器の魅力を堪能しよう。

5 ＼＼「磁器芸術」セーヴル／／

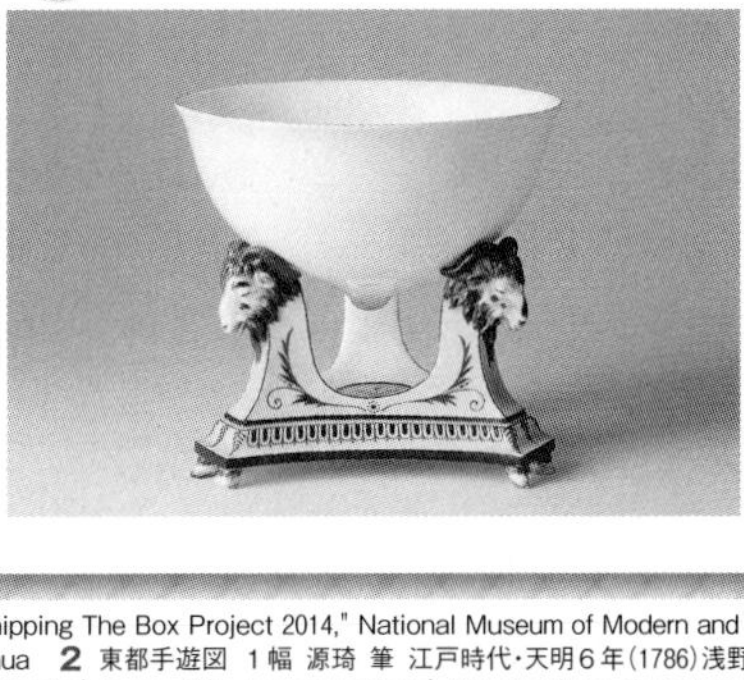

6 ＼＼癒しの芸術アクアリウム／／

天野尚 NATURE AQUARIUM展

11月8日（水）～1月14日（日）
Gallery AaMo（ギャラリー アーモ）

水槽のなかに自然の生態系を再現する「水草水槽（ネイチャーアクアリウム）」を生み出し、水景クリエイターとして世界から高い評価を得た故・天野尚氏にスポットをあてたアート展。ネイチャーアクアリウム作品11点や、写真家でもあった天野氏の撮影した水景写真などの展示をはじめ、ひと味違う自然の美しさを楽しめる新しい展覧会だ。

1 Leandro Erlich Port of Reflections 2014 Installation view: "Hanjin Shipping The Box Project 2014," National Museum of Modern and Contemporary Art, Korea, Seoul, 2014 Courtesy: National Museum of Modern and Contemporary Art, Korea; Art Front Gallery; Galleria Continua　2 東都手遊図 1幅 源琦 筆 江戸時代・天明6年（1786）浅野家旧蔵　3 ハンス・ウェグナー 椅子 JH550〈ピーコックチェア〉1947年 ヨハネス・ハンスン Photo:Michael Whiteway　5 Photo c RMN-Grand Palais（Sevres, Cite de la ceramique）/ Martine Beck-Coppola / distributed by AMF マリー・アントワネットのための乳房のボウル（ランブイエの酪農場のためのセルヴィスより）ルイ・シモン・ボワゾ、ジャン＝ジャック・ラグルネ 1787-88年 セーヴル陶磁都市　6 ©2017 AQUA DESIGN AMANO CO.,LTD.

招待券プレゼント！ Pマークのある展覧会・イベントの招待券をプレゼントします。77ページ「学習パズル」にあるQRコードからご応募ください。（応募締切2017年12月15日）。当選者の発表は賞品の発送をもってかえさせていただきます。

Success15 Back Number

サクセス15 バックナンバー 好評発売中！

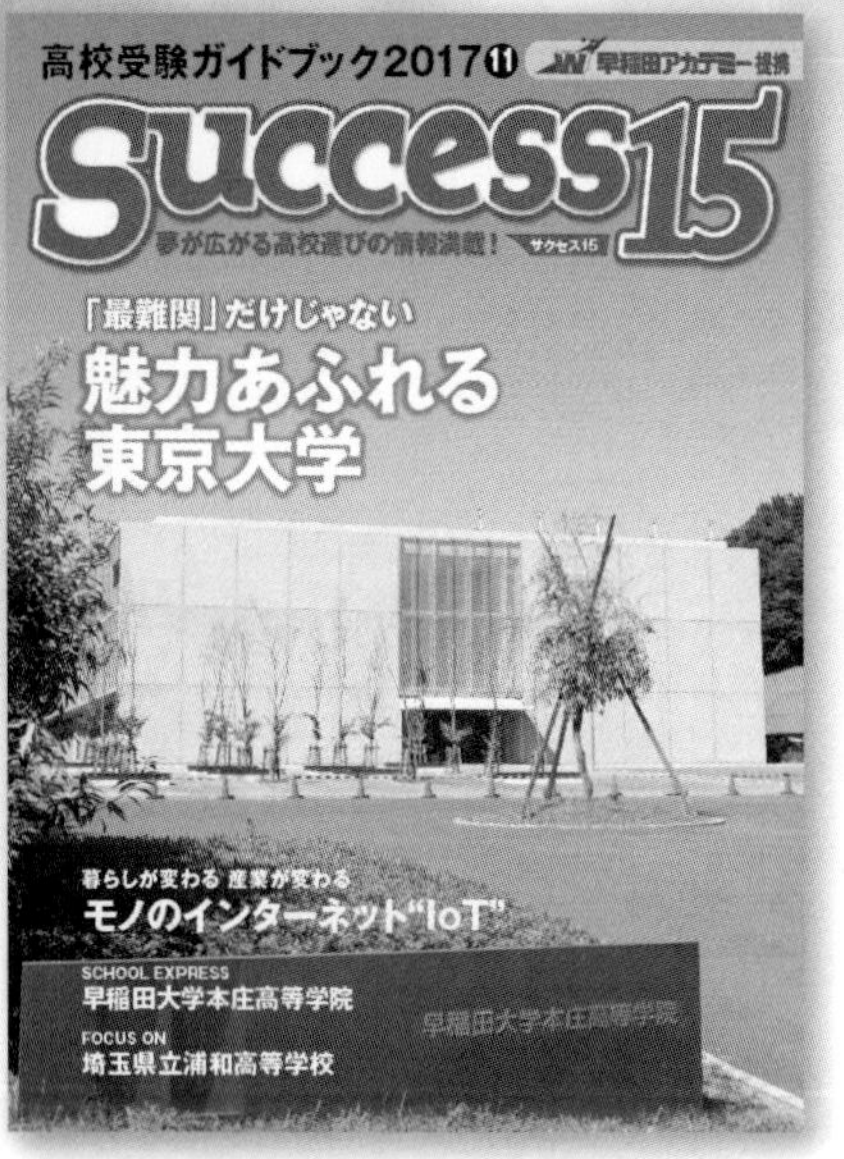

2017 11月号

魅力あふれる
東京大学

モノのインターネット"IoT"

SCHOOL EXPRESS 早稲田大学本庄高等学院
FOCUS ON 埼玉県立浦和

2017 10月号

勉強と部活動
両立のヒント

「考古学」ってこんなにおもしろい！

大学研究室探検隊
東京大 中須賀・船瀬研究室
FOCUS ON
神奈川県立横浜緑ケ丘

2017 9月号

思考力・判断力
表現力の磨き方

映像技術はここまで進歩した！

SCHOOL EXPRESS
早稲田大学高等学院
FOCUS ON
東京都立国立

2017 8月号

目で見て肌で感じよう
学校発イベントの歩き方

科学に親しむためのおすすめ書籍

大学研究室探検隊
早稲田大 菅野研究室
FOCUS ON
神奈川県立横浜翠嵐

2017 7月号

魅力イロイロ 違いもイロイロ
首都圏の国立大学12校

世界を驚かせた近年の科学ニュース

大学研究室探検隊
東京大 宮本研究室
FOCUS ON
東京都立戸山

2017 6月号

個別の大学入試も
変化している

和算にチャレンジ

大学研究室探検隊
慶應義塾大 大前研究室
FOCUS ON
東京都立西

2017 5月号

先輩に学び、合格をめざせ！
高校受験サクセスストーリー

重要性が高まる英語検定

SCHOOL EXPRESS
神奈川県立湘南
FOCUS ON
埼玉県立川越

2017 4月号

知っておこう
英語教育のこれから

あの天文現象の仕組みを教えます

SCHOOL EXPRESS
MARCHの附属・系属校
FOCUS ON
神奈川県立柏陽

2017 3月号

10項目で比べてみた
早稲田大と慶應大

用法を誤りがちな日本語

SCHOOL EXPRESS 慶應義塾湘南藤沢
FOCUS ON 千葉県立船橋

2017 2月号

2020年度からの
大学入試改革

広がる「人工知能」の可能性

SCHOOL EXPRESS 東京学芸大学附属
FOCUS ON 神奈川県立川和

2017 1月号

東大生がアドバイス
高校受験の心得

入試直前期の不安解消法

SCHOOL EXPRESS 筑波大学附属駒場
FOCUS ON 東京都立新宿

2016 12月号

なりたい職業に
つくためには

文豪ゆかりの地めぐり

SCHOOL EXPRESS 渋谷教育学園幕張
FOCUS ON 埼玉県立川越女子

2016 11月号

ポイントを押さえて
英語を学ぼう

ノーベル賞について知ろう

SCHOOL EXPRESS 豊島岡女子学園
FOCUS ON 千葉県立佐倉

2016 10月号

公立高校のよさ、
知っていますか？

これが大学の学園祭だ！

SCHOOL EXPRESS 東京都立八王子東
FOCUS ON 神奈川県立厚木

2016 9月号

視野が広がる！
海外語学研修の魅力

文化祭へレッツゴー！

SCHOOL EXPRESS 埼玉県立大宮
FOCUS ON 市川

2016 8月号

生活面から勉強面まで
夏休み攻略の手引き

語彙力アップのススメ

SCHOOL EXPRESS 筑波大学附属
FOCUS ON 埼玉県立春日部

これより前のバックナンバーはホームページでご覧いただけます（http://success.waseda-ac.net/）

How to order
バックナンバーのお求めは

バックナンバーのご注文は電話・ＦＡＸ・ホームページにて
お受けしております。詳しくは88ページの「information」をご覧ください

From Editors

今月号１つ目の特集では、高校の実験授業を紹介しました。私は昔から理科も実験授業も苦手でしたが、今回の取材で先生方から実験授業の魅力を聞いたり、生徒さんが楽しそうに実験に取り組んでいる姿を見たことで、「理科って、実験って楽しいんだ」と考えを改めました。みなさんにも理科や実験授業のおもしろさが伝わると嬉しいです。

２つ目は、「色」にまつわる特集です。色はとても身近なものなのに、その効果や特徴については知らないことばかりで、取材中、何度も驚きの声をあげてしまいました。お話を伺った名取さんによると色の世界はまだまだ奥が深いそうなので、気になる人は色に関する書籍などを読んでみてくださいね。（T）

Information

『サクセス15』は全国の書店にてお買い求めいただけますが、万が一、書店店頭に見当たらない場合は、書店にてご注文いただくか、弊社販売部、もしくはホームページ（下記）よりご注文ください。送料弊社負担にてお送りします。定期購読をご希望いただく場合も、上記と同様の方法でご連絡ください。

Opinion, Impression & etc

本誌をお読みになられてのご感想・ご意見・ご提言などがありましたら、ぜひ当編集室までお声をお寄せください。また、「こんな記事が読みたい」というご要望や、「こういうときはどうしたらいいの」といったご質問などもお待ちしております。今後の参考にさせていただきますので、よろしくお願いいたします。

サクセス編集室 お問い合わせ先

TEL：03-5939-7928　FAX：03-5939-6014

高校受験ガイドブック2017⑫サクセス15

発行　2017年11月15日　初版第一刷発行
発行所　株式会社グローバル教育出版
〒101-0047 東京都千代田区内神田2-4-2
TEL 03-3253-5944
FAX 03-3253-5945
http://success.waseda-ac.net
e-mail success15@g-ap.com
郵便振替口座番号 00130-3-779535
編集　サクセス編集室
編集協力　株式会社 早稲田アカデミー

Success15

12月号

表紙：千葉県立東葛飾高等学校

Next Issue 1月号

Special 1

「書く力」「記述力」を高めよう

Special 2

直前期の体調管理法

SCHOOL EXPRESS

早稲田実業学校高等部

FOCUS ON

東京都立青山高等学校

※特集内容および掲載校は変更されることがあります